Karen Miller

Bedeutsame Übergänge

Für Kinder von 0 bis 3 Jahren

1. Auflage

Bestellnummer 40090

Bildungsverlag EINS

Haben Sie Anregungen oder Kritikpunkte zu diesem Buch?
Dann senden Sie eine E-Mail an 40090@bv-1.de
Autoren und Verlag freuen sich auf Ihre Rückmeldung.

Bildquellenverzeichnis:
mauritius images/BananaStock: Umschlagfoto
MEV Verlag GmbH, Augsburg/Mike Witschel: S. 5
Heidi Velten /Kunterbunt: S. 6, 21, 32, 47, 49, 57, 59, 93, 97, 107, 116, 118
Bildungsverlag EINS, Troisdorf: S. 7, 9, 11, 12, 15, 17, 24, 27, 38, 39, 40, 43, 45, 53, 58, 63 (oben), 69, 70, 73, 74, 76, 79, 81, 90, 91, 96, 102, 112
mauritius images/Marina Raith: S. 10, 55, 100, 114, 115
mauritius images/age: S. 22
mauritius images/Workbookstock: S. 31, 109
mauritius images/Carsten Rademacher: S. 33
mauritius images/Dolphin Productions: S. 37
mauritius images/Martin Hangen: S. 41
mauritius images/JIRI: S. 50
mauritius images/Stock Images: S. 54
mauritius images/V. Kilian: S. 63 (unten)
MEV Verlag GmbH, Augsburg/Susanne Holzmann: S. 64
mauritius images/Eugen Gebhardt: S. 83

Sie finden uns im Internet unter:
www.bildungsverlag1.de
www.bildung-von-anfang-an.de

Bildungsverlag EINS GmbH
Sieglarer Straße 2, 53842 Troisdorf

ISBN 978-3-427-**40090**-5

Originalausgabe: Simple Transitions for Infants and Toddlers
Copyright der Originalausgabe: © 2005 Karen Miller
Publiziert von Gryphon House, Inc., Vereinigte Staaten von Amerika, 2005
Übersetzung aus dem Englischen: Susanne Schmelzer
Bearbeitung: Monika Janzer

Inhaltsverzeichnis

Kapitel 4: Tägliche Übergänge von Kleinkindern 55

Kapitel 5: Mitarbeiterschulung für problemlose Übergänge 121

Anhang 125

Vorwort

Ich erzählte einer Freundin, die beruflich in einer Kindertagesstätte tätig ist, dass ich ein Buch zum Thema „Übergänge für Kinder unter drei Jahren" schreibe. „Das ist ganz einfach!", sagte sie, „Übergänge? So wenige wie möglich. Punkt!" Natürlich hat sie recht, aber ich denke, zu diesem Thema gibt es doch ein bisschen mehr zu sagen.

Die in diesem Buch behandelten Themen werden in der Erzieherinnenausbildung selten angesprochen. Neue Erzieherinnen haben deswegen oft Probleme, ihren Arbeitstag souverän zu bewältigen, und sind häufig frustriert. So muss es nicht sein. Die hier beschriebenen Anregungen und Methoden basieren auf jahrelanger Beobachtung von erfahrenen Erzieherinnen in Hunderten von Kindertagesstätten. Sie kennen alle Tricks: Bei ihnen sind Babys friedlich, Kleinkinder recht kooperativ und sie kommen sehr entspannt durch den Tag. Zum besseren Verständnis des Buches wird die frühe Kindheit in zwei Altersspannen und Kategorien aufgeteilt: Kinder von der Geburt bis zu 18 Monaten werden als Babys bezeichnet und Kinder von 13 Monaten bis zu 3 Jahren (die schon laufen können) als Kleinkinder. Die Überschneidung wurde bewusst gewählt, denn sie berücksichtigt die individuellen Unterschiede im kindlichen Reifungsprozess.

Im Zusammenhang mit Kinderbetreuung und -erziehung beinhaltet das Wort „Übergang" die (Zwischen-)Zeit, in der wir den ganzen Tag über immer wieder von einem Teil des Tagesablaufs zum nächsten übergehen. Dieses Buch beschreibt, wie man Kindern dabei hilft, sich in Raum und Zeit zurechtzufinden, sodass sie wissen, worauf sie sich einstellen müssen und was von ihnen erwartet wird. Es handelt auch davon, wie man es Kindern leichter macht, mit neuen Situationen umzugehen, wie zum Beispiel die Anfangszeit in der Kindertagesstätte oder den Übergang vom Krippenbereich in den Kleinkindbereich.

Selbst, wenn ein Kind zu Hause und nicht in einer Krippe oder Kindertagesstätte betreut wird, können Übergänge eine echte Herausforderung darstellen. Das wird Ihnen jeder Elternteil bestätigen, der schon einmal versucht hat, ein kleines Kind morgens aus dem Haus zu bewegen. Es kostet Mühe und Raffinesse, Kleinkinder von einer Aktivität weg und zu einer anderen hin zu geleiten – besonders, wenn das Ganze auch noch in den Tagesablauf eines Erwachsenen passen muss. In der Kindertagesstätte müssen Erzieherinnen diese Dinge für eine ganze Gruppe bewerkstelligen. Das geht nur in Zusammenarbeit mit anderen Teammitarbeitern und erfordert zum einen vorausschauende Planung, zum anderen aber auch spontane Entscheidungen, z. B. wer wo platziert wird, um den Kindern zu helfen, während die Kollegin etwas anderes erledigt. Sobald die Kinder den Krippenbereich verlassen, in dem die meisten Vorgänge noch sehr individuell auf ihre Bedürfnisse abgestimmt werden, erwachsen Übergangssituationen zu bedeutenden sozialen Aktivitäten. Kleinkinder ab ca. 18 Monaten sind ständig in Bewegung. Sie nehmen einander bewusst wahr, wenn sie sich versammeln oder etwas Neues beginnen, und lernen, wie man Dinge „erledigt".

Übergänge bilden den Schwerpunkt in der frühkindlichen Erziehung. Erzieherinnen haben häufig das Gefühl, nicht genügend Zeit für die Durchführung von Lernaktivitäten und -prozessen zu haben, um die Kinder ausreichend zu fördern. Kinder lernen aber häufig am meisten bei dem, was innerhalb der täglichen Routinen vorgeht. Wir wissen heute, dass kleine Kinder bei nahezu allem, was wir mit ihnen tun, etwas lernen können. Natürlich erweitert sich ihr Wortschatz, sobald sie die Bedeutung der Wörter verstehen, die wir sprechen. Kinder werden selbstbewusster und haben ein größeres Selbstwertgefühl, wenn sie erkennen, was von ihnen erwartet wird, und diese Dinge selbsttätig zu erledigen beginnen. So lernen sie die Regeln des sozialen Zusammenlebens kennen und entwickeln ein Gefühl der Zugehörigkeit. Die Art und Weise, wie Erwachsene tagtäglich konsequent mit Kindern umgehen, hat möglicherweise den größten Einfluss auf eine gesunde psychische und physische Entwicklung.

Das Leben ist voller Übergänge. Wir bewegen uns von einer Entwicklungsstufe zur nächsten, gehen Beziehungen ein und beenden sie wieder, schlüpfen von der Abhängigkeit in die Unabhängigkeit. Kaum einmal die Ältesten in der einen Schule, sind wir wieder die Jüngsten in der nächsten. Wir steigen in den Arbeitsmarkt ein und wechseln dort von einem Job zum anderen. Wir bewegen uns ständig weiter. Wie wir mit den großen und kleinen Übergängen in unserem Leben umgehen, hat maßgeblichen Einfluss darauf, wie erfolgreich wir unser Leben im Allgemeinen meistern. Liegt der Schlüssel zu unserer Fähigkeit, mit den Veränderungen im Leben umzugehen, in der frühen Kindheit? Für alles andere scheint das der Fall zu sein. Also ist es recht wahrscheinlich, dass unsere ersten Erfahrungen mit Übergängen Einfluss darauf haben, wie wir später mit Veränderungen umgehen.

Offen gestanden sind Übergänge immer schwer. Jede Veränderung im Leben ist eine Herausforderung. Wir hängen vielleicht noch am Alten und sind dem Neuen gegenüber skeptisch. Und wenn der Übergang einmal bewerkstelligt ist, fragen wir uns vielleicht, ob wir das Richtige getan haben. Beziehen wir das einmal auf kleine Kinder: Selbst ganz kleine tägliche Übergänge wirken für sie riesengroß. Ihr Leben hat gerade erst begonnen, also scheint jeder Abschnitt gewaltig zu sein.

Ich hoffe, dieses Buch hilft Ihnen dabei, mit den kleinen Kindern in Ihrer Obhut im Hier und Jetzt zu leben. Drosseln Sie das Tempo, geben Sie den Kindern die Zeit, die sie brauchen. Jeder Moment ist wertvoll. Versuchen Sie, loszulassen und Ihren Tagesablauf ohne Hektik zu bewerkstelligen – auch so können Sie diverse Dinge erledigen. Befreien Sie sich von dem Gedanken, die Kinder ständig auf die nächste Aktivität, den nächsten Schritt, das „nächste Leben" vorbereiten zu müssen, und genießen Sie das kleine Wunder vor Ihren Augen. Carpe diem!

Zum Gebrauch des Buches

Sie brauchen dieses Buch nicht von der ersten bis zur letzten Seite durchzulesen, aber Sie sollten die Abschnitte „Grundprinzipien und Methoden" (siehe Kapitel 1, Seiten 9–14) und „Anmerkungen zur kindlichen Entwicklung" (siehe Anhang, Seite 125–134) lesen, bevor Sie die hier geschilderten Anregungen in die Tat umsetzen. Es ist ganz wichtig, dass Ihre Erwartungen an die Kinder auch ihrer Altersgruppe angemessen sind. Wer gewisse Regeln beachtet und Strategien beherrscht, dem werden viele Situationen leichter von der Hand gehen. Wenn Sie diese Strategien beherrschen, verstehen und erkennen, in welcher Entwicklung sich die kleinen Kinder gerade befinden, werden Ihnen die Ratschläge im weiteren Verlauf des Buches umso mehr einleuchten.

Nachdem Sie diese Abschnitte gelesen haben, gehen Sie einfach in das Kapitel oder zu der speziellen täglichen Übergangssituation, die Sie problematisch finden. Wählen Sie Anregungen und Aktivitäten aus, die auf Ihre aktuellen Probleme zugeschnitten sind. Probieren Sie unterschiedliche Vorschläge aus, um herauszufinden, was in Ihrer Situation am besten funktioniert. Zweifellos werden Sie zahlreiche eigene Varianten entwickeln. Jede Kindertagesstätte und jede Gruppe von Kindern ist anders. Erzieherinnen modifizieren und „biegen" den Tagesablauf kontinuierlich so zurecht, dass sie allen Kindern in der Gruppe gerecht werden. Auch die Altersunterschiede und das unterschiedliche Temperament der Kinder bestimmen mit darüber, wie Sie Ihre täglichen Routinen bewerkstelligen.

In diesem Buch werden Übergangssituationen beschrieben, bei denen mit unterschiedlichen Liedern gearbeitet wird. Machen Sie sich dabei keine allzu großen Gedanken über die Melodien. Passen Sie die Verse und Melodien an, wie immer Sie möchten. Machen Sie die Lieder zu Ihren Liedern und denken Sie sich auch eigene aus.

Wenn Sie vernünftig planen, mit den altersspezifischen Gegebenheiten der Kinder vertraut sind und ein paar gute Methoden und Aktivitäten in der Hinterhand haben, wird Ihr Tag stressfrei ablaufen. So profitieren Kinder, Eltern und alle Beteiligten optimal vom pädagogischen Konzept Ihrer Einrichtung.

Aus Gründen der Lesbarkeit und wegen des größeren Anteils an weiblichen Auszubildenden in der Erzieherinnenausbildung wurde im Text allein die weibliche Form der Berufsbezeichnung gewählt. Bitte fühlen Sie sich als männliche Person ebenso angesprochen.

Kapitel 1
Grundprinzipien und Methoden

● **In diesem Kapitel werden ein paar grundlegende Übergangsstrategien vorgestellt, die in den meisten Situationen greifen. Berücksichtigen Sie diese, wenn Sie Aktivitäten und Routinen planen. Nähere Ausführungen zu diesem Thema und besondere Beispiele finden Sie überall im weiteren Verlauf des Buches.**

Sorgen Sie für einen geregelten Tagesablauf

Eine einfache, täglich wiederkehrende Routine zählt zu den wichtigsten Dingen und ist eine grundlegende Basis, von der Sie selbst und die Kinder profitieren.
Ein geregelter Tagesablauf ist besonders im Kleinkindbereich wichtig, während Babys mehr von einem individuell auf sie zugeschnittenen Tagesablauf profitieren. Aber selbst im Krippenbereich bietet es sich an, eine tägliche Routine zu etablieren, die den groben Rahmen für den Tag vorgibt. Nach ein paar Tagen kennen die Kinder den Ablauf. Wenn Sie Tag für Tag konsequent daran festhalten, wissen sie, worauf sie sich einstellen können. Das gibt ihnen ein Gefühl von Sicherheit und Kontrolle. Es erleichtert die Übergänge erheblich, da die Kinder sich oft schon automatisch auf die nächste Aktivität vorbereiten, vielleicht um zu zeigen, dass sie wissen, „wie es hier läuft". Lesen Sie den Kindern beispielsweise jeden Tag nach der Zwischenmahlzeit eine Geschichte in der Kuschelecke vor, werden sie sich nach einer gewissen Zeit in der Ecke zusammenfinden, ohne dass Sie darum bitten.

Das bedeutet natürlich nicht, dass Sie Ihr Vorgehen innerhalb der einzelnen Abschnitte im Tagesablauf nicht variieren dürfen. Behalten Sie einfach im Hinterkopf, dass kleine Kinder gern immer und immer wieder das Gleiche tun und nach dem Vertrauten Ausschau halten.

Arbeiten Sie mit festen Ritualen

Rituale sind spezielle Abläufe, die sich nicht von Tag zu Tag ändern. Sie könnten zum Beispiel zu Beginn der Ruhezeit immer dasselbe Schlaflied singen oder ein Baby zur Essenszeit immer auf einen ganz bestimmten Stuhl setzen. Sie können die Kinder auch täglich mit einer speziellen Handpuppe begrüßen oder die Vorlesezeit stets mit einem bestimmten Lied „einläuten". Überlegen Sie, wie viele dieser Mini-Rituale Sie für verschiedene Abschnitte im Tagesverlauf entwickeln können. Ein geregelter Tagesablauf hilft den Kindern zu entspannen und gibt ihnen das Gefühl, alles unter Kontrolle zu haben. Sie verhalten sich kooperativer, wenn sie wissen, was innerhalb des Tagesverlaufs als Nächstes passiert und von ihnen erwartet wird.

Nutzen Sie die räumlichen Gegebenheiten

Kleine Kinder orientieren sich anhand der Position bestimmter Objekte im Raum. Sie finden zum Beispiel ihren roten Lieblingslaster problemlos, wenn er immer in dem Regal beim grünen Teppich steht. Das heißt nicht, dass Sie die Möbel nie umstellen dürfen, aber Sie sollten es nur aus einem guten Grund tun. Verfahren Sie so oft wie möglich nach dem Motto, „wenn es für alles einen Platz gibt, ist alles an seinem Platz". Auch das gibt kleinen Kindern das Gefühl, Dinge zu meistern, und hilft ihnen dabei, sich im Gruppenraum wohlzufühlen, was sie letztendlich zu mehr Unabhängigkeit führt.

Sagen Sie den Kindern, was als Nächstes passiert

Niemand mag abrupte Veränderungen, schon gar nicht, wenn man gerade intensiv mit einer Sache beschäftigt ist. Es ist für kleine Kinder sehr hilfreich, wenn sie erfahren, was als Nächstes passiert. Schon Babys verstehen das. *„Nun packen wir bald die Spielsachen weg und machen uns fertig, um nach draußen zu gehen."* Wenn das jeden Tag so abläuft, beginnen die Kinder vielleicht sogar sofort mit dem Übergang. Selbst, wenn sie es nicht tun, nehmen sie den Übergang sehr wahrscheinlich mit weniger Ablehnung hin.

Proben Sie neue Situationen

Es ist hilfreich, die Kinder an eine neue Situation heranzuführen, indem Sie mit ihnen proben und den Vorgang vorab durchgehen, damit sie wissen, worauf sie sich einstellen können. Möchten Sie zum ersten Mal mit den Kindern einen Spaziergang durch die Nachbarschaft machen und dabei ein Seil benutzen? Dann lassen Sie die Kinder zunächst einmal „trocken" üben, wie sie sich an den Knoten im Seil festhalten müssen, während sie damit durch den Gruppenraum oder über den Spielplatz gehen. Ein Kind soll in eine andere Gruppe wechseln? Der Übergang ist für das Kind erheblich leichter, wenn es bereits im Vorfeld die neue Umgebung häufig besuchen konnte.

Arbeiten Sie mit nonverbalen Signalen

Setzen Sie möglichst viele nonverbale Signale ein, wenn Sie die Kinder auf neue Abschnitte im Tagesablauf vorbereiten. Denken Sie daran, dass sich Kleinkinder nicht primär über Sprache die Welt erfahrbar machen. Finden Sie Symbole und Signale, die keiner Worte bedürfen, um neue Routinen zu signalisieren. Nehmen Sie zum Beispiel ein Stofftier, um die Vorlesezeit anzukündigen, oder spielen Sie eine bestimmte Melodie, um das Aufräumen einzuläuten. Wenn Sie das Licht abdimmen, wissen die Kinder, dass nun die Ruhezeit kommt. Wenn Sie im Außenbereich umhergehen und dabei einen bestimmten Rhythmus mit den Händen auf Ihre Beine klopfen, wissen die Kinder, dass es bald wieder zurück in den Innenbereich geht.

Setzen Sie parallel zu diesen nonverbalen Signalen auch Worte ein. So erhalten die Kinder dieselbe Botschaft über unterschiedliche Kanäle. Jede Botschaft verstärkt die andere. Kindern macht es sogar Spaß, die nonverbalen Signale zu befolgen. Für sie ist es so etwas wie ein Code, als verstünden sie eine verschlüsselte Botschaft.

Setzen Sie Handpuppen ein

Obwohl viele Erzieherinnen ohne den Einsatz von Handpuppen in ihrer Arbeit mit Kleinkindern erfolgreich sind, sollten Sie sich dieses wertvolle Hilfsmittel nicht vorenthalten. Kinder aller Altersstufen fühlen sich zu Puppen hingezogen und beschäftigen sich gerne mit ihnen.

Eine spezielle Handpuppe unterscheidet sich von den anderen Puppen, die zum freien Spiel zur Verfügung stehen, insofern, dass nur Sie alleine diese Puppe spielen. Wenn Sie die Handpuppe nicht mehr benötigen, kommt sie wieder in ihr „Haus" oder Bettchen.

Behalten Sie konsequent Stimme und Charakter der Handpuppe bei sowie die Art und Weise, wie sie mit den Kindern umgeht. Mit dieser Figur spielen Sie kein Puppentheater. Die Handpuppe kommt und unterhält sich ganz zwanglos mit den Kindern, hört ihnen zu, umarmt sie und so weiter.

Jede Art von Handpuppe ist dafür geeignet – egal, ob gekauft oder selbst gemacht. Am besten eignen sich etwas größere Puppen mit einem großen Mund, den man zum „Sprechen" auf- und zubewegen kann. Gut sind auch Puppen mit Armen, die etwas festhalten können. Ihre Handpuppe sollte einen Namen, eine spezielle Stimme, einen eindeutigen Charakter und ein verziertes Haus oder Bettchen haben, das auf einem hohen Regal seinen Platz hat. Einige Handpuppen sind still und zurückhaltend, andere sind neugierig und stellen jede Menge Fragen. Wieder andere sind schrullig und spitzbübisch oder sie sind ganz verschlafen und gähnen immerzu. Handpuppen werden an verschiedenen Stellen in diesem Buch erwähnt. Damit beschränken sich ihre Einsatzmöglichkeiten keinesfalls auf diese Beispiele. Überlegen Sie, in welchen anderen Situationen Ihre Handpuppe auftauchen und helfen kann.

Lieber auffordern als befehlen

Häufig widersetzen sich kleine Kinder Anweisungen und selbst freundlich formulierten Aufforderungen. Sie sollten Ideen und Aktivitäten deshalb so vorbringen, dass sie die Aufmerksamkeit und das Interesse der Kinder wecken. Mit Formulierungen wie den folgenden kann man kleine Kinder gut zur Kooperation bewegen:

- „Ich habe eine tolle Idee! Lass uns mal ..."
- „Ich glaube, es macht richtig Spaß, wenn wir ..."
- „Hey! Wollen wir nicht mal ...?"
- „Ich weiß was! Wir könnten ..."

Tun Sie's einfach – jetzt und hier

Man könnte diese beliebte und bewährte Übergangsstrategie auch „Jetzt und hier" nennen, denn es geht tatsächlich darum, dass Sie sich einfach spontan auf den Boden fallen lassen und etwas Neues beginnen. Mit dieser effektiven Methode ziehen Sie die kleinen Kinder magisch an und leiten ohne großen Aufwand die nächste Aktivität ein. Nichts ist für kleine Kinder spannender als ein Erwachsener, der sich zu ihnen auf den Boden setzt.

Berücksichtigen Sie die Entwicklung des Kindes

Das Interesse und die Kooperationsbereitschaft eines Kindes wecken Sie am besten, indem Sie sich eine Aktivität ausdenken, mit der es eine gerade neu erworbene Fertigkeit trainieren kann. Kleine Kinder lernen ganz natürlich und suchen sich ständig Möglichkeiten, um neue Fertigkeiten immer wieder zu üben. Stellen Sie sich ein Kleinkind vor, das gerade lernt, zu klettern. Es wird auf alles Mögliche hinaufklettern, egal, ob sicher oder unsicher. Gestalten Sie eine Umgebung, in der das Kind sicher klettern kann. Sie können sich auf der anderen Seite sicher sein, dass Sie eine Menge Widerstand erleben, wenn Sie etwas von einem Kind erwarten, wofür es noch nicht ausreichend entwickelt ist, zum Beispiel für längere Zeit stillsitzen und zuhören. Informieren Sie sich, was Sie von Kindern in einem bestimmten Alter erwarten können, und entwickeln Sie ein Gefühl für die speziellen Interessen, Begabungen und die Leistungsfähigkeit jedes Kindes. Auf diese Kenntnisse können Sie dann aufbauen.

So erleichtern Sie Kindern die Rückkehr in die Gruppe

Ein Übergang, an den wir selten denken, ist die reibungslose Rückkehr eines Kindes in die Gruppe zum gemeinsamen Spielen mit den anderen, nachdem wir es beiseitegenommen haben. Eine Disziplinierungsmaßnahme wie die Auszeit funktioniert bei Kleinkindern nicht gut, weil sie nur eine äußerst vage Vorstellung von Zeit haben und kaum oder noch gar nicht abstrakt denken können. Sie können sich nicht vorstellen, was passieren würde, wenn sie sich anders verhalten würden. Es ist daher viel effektiver, die Situation sofort zu bereinigen, indem Sie dem Kind zeigen, wie es sich stattdessen verhalten soll. Verhelfen Sie dem Kind zur erfolgreichen Interaktion mit anderen Kindern, damit alle Beteiligten zufrieden sind.

Trotzdem bemerkt ein Kind manchmal, dass Sie unzufrieden sind, zum Beispiel, wenn es ein anderes Kind absichtlich verletzt hat. Die Gemüter sind erhitzt und eine spürbare Spannung erfüllt den Raum. In diesem spannungsgeladenen Moment ist es ganz wichtig, den Raum nicht zu verlassen. Sie müssen jetzt wieder ein harmonisches Verhältnis zu dem Kind aufbauen. Wenn das Kind glaubt, etwas falsch gemacht zu haben, und die Situation dann nicht in Ordnung bringen kann, benimmt es sich vielleicht weiterhin schlecht und straft Sie und sich selbst damit.

Am besten vertragen Sie sich wieder mit dem Kind, indem Sie eine Weile allein mit ihm spielen. Tun Sie etwas, das überhaupt nichts mit der Tätigkeit zu tun hat, in die das Kind vertieft war, als die Situation entstand. Ein Spiel zur sensorischen Wahrnehmung eignet sich gut, da es beruhigend wirkt. Spielen Sie parallel zum Kind und lassen Sie sich dabei von ihm anleiten. So signalisieren Sie dem Kind, dass sie es noch gernhaben. Nach und nach können Sie nun auch andere Kinder hinzuziehen und das friedliche Zusammenspiel mit positiven Kommentaren zur Interaktion der Kinder fördern.

Die beschriebenen Methoden setzen voraus, dass Sie das Wesen und die Fähigkeiten der Kinder respektieren und auf positive Eigenschaften aufbauen. Setzen Sie neben diesen Methoden und Prinzipien auch Ihren gesunden Menschenverstand ein. Beobachten Sie, wie die Kinder reagieren, bleiben Sie konsequent und loben Sie die Kinder, wenn sie gut mitarbeiten.

Kapitel 2
Übergänge innerhalb der Kindertagesstätte

Dieses Kapitel behandelt die „größeren" Übergänge, die ein Kind über einen längeren Zeitraum hinweg innerhalb der Kindertagesstätte durchläuft: Einstieg in die Kindertagesstätte, unterschiedliche Programme, Wechsel vom Krippen- in den Kleinkindbereich, Übergang in den Kindergarten und wechselnde Erzieherinnen.

Der Einstieg in die Kindertagesstätte

Der Wechsel eines Kindes vom häuslichen Umfeld und der liebevollen Zuwendung durch einen Elternteil zu der Kindertagesstätte, in der es Teil einer Gruppe von Kindern ist, die von einer ausgebildeten Erzieherin betreut wird, stellt für das Kind und die Eltern eine gravierende Veränderung dar. Eine wichtige Aufgabe der Erzieherinnen in Krippen oder Kindertagesstätten besteht darin, den Übergang in diese erweiterte Welt so reibungslos wie möglich zu gestalten. Die Worte „liebevolle Zuwendung" (oder sinngemäße Formulierungen) tauchen in fast jedem Konzept bzw. Leitbild von Kindertagesstätten auf. Erzieherinnen sind darin geschult, auf Babys und Kleinkinder einzugehen und ihre Umgebung so heimisch wie möglich zu gestalten. Folglich bedeutet dies: Jedes Kind wird mit Einfühlungsvermögen und Respekt behandelt.

Das Aufnahmegespräch

Die Zeit, die Sie mit den Eltern verbringen, wenn sie sich dazu entscheiden, ihr Kind in Ihrer Einrichtung anzumelden, ist Ihre erste Gelegenheit, einen guten Eindruck zu machen und ein Verhältnis aufzubauen, das von gegenseitigem Respekt und freundschaftlichem Umgang miteinander geprägt ist. An diesem Prozess sollten sowohl die Leiterin als auch die Erzieherinnen beteiligt sein. Die Leiterin kann Angelegenheiten wie Gebühren, Zahlungsmodalitäten, den jährlichen Terminkalender und diverse andere Richtlinien und Vorgänge erklären. Die Erzieherinnen sollten dabei sein, wenn spezielle Betreuungsaspekte für das Kind besprochen werden. Dies ist ein idealer Zeitpunkt, um die Eltern mit dem Konzept der sukzessiven Eingewöhnung vertraut zu machen (siehe unten).

Das Aufnahmegespräch dient dem beiderseitigen Informationsaustausch. Am besten bringen Sie zunächst etwas über das Kind und die Familie in Erfahrung, die Sie vor sich haben. Das Aufnahmeformular dient Ihnen dabei als Leitfaden. Wenn Sie die wesentlichen Informationen eingeholt haben, ermuntern Sie die Eltern, weitere Fragen zu stellen.

- **Bedenken Sie, dass Schweigen nicht immer Wohlbehagen bedeutet.** Sie dürfen nicht davon ausgehen, dass die Eltern mit allem zufrieden sind, nur weil sie nichts sagen.
- **Stellen Sie offene Fragen**, zum Beispiel: *„Gibt es noch etwas, das Sie gern wissen möchten?"*
- **Fragen Sie nach.** Bereiten Sie ein paar Fragen vor, die den Eltern zeigen, dass Sie aufrichtig an ihrem Kind interessiert sind: *„Womit beschäftigt sich Ihr Kind am liebsten? Wie zeigt Ihr Kind Ihnen, dass es aufgeregt ist? Sagen Sie mir bitte, was Sie sich von unserer Einrichtung für Ihr Kind erhoffen."*
- **Zeigen Sie sich kompromissbereit.** Machen Sie deutlich, dass Ihnen klar ist: Jedes Kind ist ein wertvolles Individuum. Zeigen Sie sich flexibel und bereit, bestimmte Dinge möglichst so zu erledigen, wie es die Eltern tun.
- **Erzählen Sie den Eltern, wie Sie arbeiten.** Beschreiben Sie einen typischen Tagesablauf und einige der Aktivitäten, die Sie mit den Kindern unternehmen. Nennen Sie auch die Namen und Interessen der anderen Mitarbeiter.
- **Tragen Sie ein Namensschild, seien Sie freundlich und lächeln Sie.** Sprechen Sie die Eltern direkt mit ihrem Namen an, wenn Sie sich mit ihnen unterhalten.
- **Führen Sie das Elterngespräch in einer besonderen Umgebung.** Natürlich möchten Sie, dass die Eltern den Gruppenraum sehen, aber das Aufnahmegespräch sollte besser in einem anderen Raum stattfinden, in dem keine Kinder ablenken. Sie sollten den Eltern Ihre volle Aufmerksamkeit schenken wie auch Sie die volle Aufmerksamkeit der Eltern brauchen. Bereiten Sie eine angenehme Umgebung für das Gespräch vor. Der Aufenthaltsraum, in dem sich müde Kolleginnen erholen, ist denkbar ungeeignet.
- **Bieten Sie Kaffee, Tee oder Wasser an.**
- **Zeigen Sie Fotos.** Ein Bild sagt bekanntlich mehr als tausend Worte. Anhand von Bildern bekommen die Eltern schnell einen Eindruck von der Angebotsbandbreite Ihrer Einrichtung.

Sukzessive Eingewöhnung

In der Eingewöhnungsphase empfiehlt es sich, die Anwesenheitsdauer des Kindes in den ersten beiden Wochen nach und nach auszudehnen. Sowohl die Kinder als auch die Eltern scheinen sich leichter an die neue Situation zu gewöhnen, wenn die Eingewöhnung sukzessive vonstatten geht. Beginnen Sie mit nur einer Stunde in Anwesenheit der Eltern oder eines Elternteils. Schlagen Sie den Eltern vor, dass sie einen Moment lang hinausgehen und dann wiederkommen, um anschließend noch etwas mehr Zeit mit dem Kind im Gruppenraum zu verbringen. Dehnen Sie die Besuche nach und nach auf einen halben Tag aus. Die Eltern verlassen bei den Besuchen nach und nach für immer längere Zeit den Raum, bis sie das Kind schließlich den ganzen Tag dort lassen. Wann dieser Zeitpunkt gekommen ist, hängt davon ab, wie schnell sich das Kind eingewöhnt.

Begrüßen Sie die neue Familie

Sobald sich die Familie für Ihre Einrichtung entschieden hat, sollten Sie zeigen, dass Sie sich darüber freuen. Informieren Sie Ihre Kolleginnen, dass ein neues Kind in die Gruppe kommt, und geben Sie ihnen die Namen der Eltern, des Kindes sowie alle weiteren nützlichen Informationen, um der Familie einen warmherzigen Empfang zu bereiten. Die Eltern wissen es zu schätzen, wenn sie und ihr Kind von jeder Mitarbeiterin der Einrichtung gekannt und geschätzt werden. Informieren Sie alle Mitarbeiterinnen, wenn eine neue Familie kommt. Bitten Sie Ihre Kolleginnen, sich vorzustellen und ihre Hilfe anzubieten, wenn sie die neue Familie kennenlernen.

- **Nutzen Sie Ihren Newsletter.** Sofern vorhanden, können Sie die Familie im Infoblatt Ihrer Einrichtung oder der Gruppe vorstellen.
- **Heben Sie die Familie in der Elternliste hervor.** Dazu kann eine Digital- oder Sofortbildkamera von Nutzen sein.
- **Bringen Sie schon im Voraus ein Namensschild am Fach des Kindes an.** Bringen Sie auch Namensschilder für die Windel- und die Mahlzeitenverwahrung an.

Versetzen Sie sich in die Lage der Eltern

Nahezu alle Eltern, die sich entscheiden, ihr Kind in einer Kindertagesstätte anzumelden, haben sich vorher jede Menge Gedanken darüber gemacht – vielleicht zusammen mit anderen Eltern, den Großeltern und Freunden, vielleicht auch nicht.

„Wie kannst du auch nur daran denken, dein Baby abzugeben?" Diese Frage stellen sich Eltern vielleicht selbst oder hören sie von anderen. Für Erzieherinnen ist es besonders wichtig, nachempfinden zu können, wie sich die Eltern gerade fühlen, und darüber vor allem nicht zu urteilen. Eine optimale Unterstützung geben Sie den Eltern, indem Sie Ihre Arbeit mit dem Kind gut machen und möglichst häufig offen mit den Eltern darüber sprechen, inwiefern ihrem Kind die Betreuungssituation zugutekommt. Sie sollten den Eltern vermitteln, dass ihr Kind von der Situation profitiert, ohne dass sie sich dabei minderwertig fühlen. Teilen Sie ihnen mit, was Sie Tag für Tag tun und wie diese täglichen Routinen eine gesunde Entwicklung ihres Kindes fördern.

Die meisten Eltern fühlen sich schlecht, wenn sie ihr Kind zum ersten Mal abgeben. Sie ringen mit dem Urinstinkt, sich um „ihr Junges" kümmern zu müssen. Einige Eltern haben gemischte Gefühle. Es macht ihnen zu schaffen, ihr Kind zu verlassen, aber sie freuen sich auch auf die Rückkehr in die Welt der Erwachsenen. Andere machen Erfahrungen, die von absolutem Wohlbefinden bis hin zu ständiger Ängstlichkeit reichen. Es ist wichtig, dass die Erzieherinnen den Eltern vermitteln, welche Rolle und Aufgabe sie in diesem Prozess haben, um ihnen eine angemessene Unterstützung anbieten zu können.

Nicht selten empfinden Eltern die Erzieherin als eine Art Konkurrenz, obwohl sie sich dessen manchmal gar nicht bewusst sind. Eine ihrer Sorgen besteht darin, das Kind könnte vergessen, wer nun eigentlich Mutter oder Vater ist, und der Erzieherin mehr Zuneigung entgegenbringen. Eine weitere Befürchtung der Eltern ist, dass sie „ihr Baby verlieren", wenn sie es in einer Kindertagesstätte anmelden. Viele Kinder verstärken diese Ängste noch durch ihr Verhalten, wenn auch ganz unbeabsichtigt. Zum Beispiel, wenn sie die Erzieherin „Mama" nennen oder weinen bzw. weglaufen, wenn die Eltern sie abholen kommen.

Es kann auch vorkommen, dass einige Eltern ein ungutes Gefühl haben, wenn das Kind morgens bei der Übergabe nicht weint. Erklären Sie den Eltern Folgendes: Wenn das Kind „Mama" zu Ihnen sagt, bedeutet das nicht, dass ihr Kind nicht weiß, wer seine Mutter ist. „Mama" ist für das Kind dann einfach der Oberbegriff für Frauen, die sich um es kümmern. Das Weinen beim Abholen ist häufig nur ein Ventil für die Anspannung des Kindes. Lesen Sie auch Seite 53 für weitere Informationen zu diesem Phänomen.

Bauen Sie ein harmonisches Verhältnis zu den Eltern auf

Sorgen Sie zunächst dafür, dass die Eltern Sie besser kennenlernen, damit Sie einander nicht so fremd sind. Legen Sie ihnen dringend nahe, Sie während der Arbeit zu besuchen, bevor ihr Kind regelmäßig kommt. Idealerweise für ein, zwei Stunden oder einen halben Tag, auf jeden Fall nicht nur zu einer kurzen Stippvisite. Das schafft Vertrauen. Bieten Sie den Eltern einen bequemen Sitzplatz an und sagen Sie ihnen, dass sie jederzeit Fragen stellen können. Dabei kann ihr Kind anwesend sein oder auch nicht.

Bereiten Sie einen Handzettel vor. Geben Sie den Eltern eine kurze Beschreibung Ihres Tagesablaufs, die sie bei sich haben können, während sie Ihnen zuschauen. Sie können zum Beispiel erklären, warum Sie etwas mehr Zeit als nötig auf das Windelnwechseln verwenden oder dass Sie beim Ritual des Händewaschens besonders auf Hygiene achten, wie Sie einen individuellen Tagesplan für jedes Kind gestalten, welche Rolle Sie beim Beaufsichtigen der Kinder in der Spielzeit innehaben, warum Sie als Teil Ihrer Erziehungsphilosophie täglich mit den Kindern nach draußen gehen usw.

Zusätzlich können Sie den Eltern in der konkreten Situation der täglichen Routine erklären, was Sie gerade tun – aber nur, wenn Sie das Gefühl haben, dass es Ihre Arbeit mit den Kindern nicht stört.

Aktivitäten für Übergänge

Das sind wir

Das brauchen Sie
- Digitalkamera (oder reguläre Fotokamera)
- Papier
- Hefter
- Drucker oder Fotokopierer

Das tun Sie
Erstellen Sie ein Fotobuch Ihrer Einrichtung: Fotografieren Sie Ihre Kolleginnen bei sämtlichen Aktivitäten, die sie während ihrer täglichen Routine durchlaufen. Bringen Sie die Fotos in die richtige Reihenfolge und beschreiben Sie kurz, was auf jedem Bild passiert. Platzieren Sie am Ende des Buches ein Foto mit allen Mitarbeitern Ihrer Einrichtung und schreiben Sie ein, zwei Sätze zu jeder Person. Drucken Sie für neue Eltern ein Exemplar aus, das sie mitnehmen und behalten können. Falls Sie mit richtigen Abzügen arbeiten, erstellen Sie ein Fotoalbum, das die Eltern für ein paar Tage mitnehmen dürfen.

Eltern schätzen solche Bemühungen, sie mit den Mitarbeitern und der täglichen Routine in Ihrer Einrichtung vertraut zu machen. Sie können auf diese Weise auch den Großeltern oder anderen Familienmitgliedern zeigen, was in der Kindertagesstätte gemacht wird. Es zeigt außerdem, dass Sie auf Ihre Arbeit mit den Kindern stolz sind.

Biografie der Erzieherin (Ihr Werdegang)

Die Aufnahmeformulare für eine Kindertagesstätte fragen in der Regel recht umfassende Informationen ab. Nach dem Ausfüllen können Eltern das Gefühl haben, Sie wüssten nun genau über sie Bescheid. Geben Sie den Eltern daher möglichst viele Informationen über Ihre Person, indem Sie einen originellen Lebenslauf gestalten.

Das brauchen Sie
- ein Foto von sich selbst
- Fotokopierer
- Papier

Das tun Sie
Wählen Sie ein schönes Foto aus, das Sie bei der Arbeit zeigt. Ein Foto, auf dem Sie lächeln und auf dem Ihre Freude an der Arbeit zu sehen ist, eignet sich am besten. Beschreiben Sie sich anschließend selbst. Heben Sie dabei besonders hervor, warum Sie gern mit kleinen Kindern arbeiten. Gehen Sie auf Ihre Schul- und Berufsausbildung sowie Ihre Arbeitserfahrungen mit Kindern ein. Gehen Sie auch auf Ihre Familie, Haustiere, Hobbys und andere Aspekte ein, die Ihrer Ansicht nach für Eltern interessant sein könnten.

Fertigen Sie eine Kopie für die Eltern an, die sie behalten dürfen, oder legen Sie ein Exemplar in die Informationsbroschüre über Ihre Einrichtung (siehe Aktivität oben „Das sind wir"). Hängen Sie Ihre Personenbeschreibung am Nachrichtenbrett für die Eltern aus, sodass sie auch potenziell zukünftige Eltern anschauen können. Die Beschreibung Ihrer eigenen Person ist eine weitere Möglichkeit, das Vertrauen der Eltern in die Pflege und Betreuung der Kindertagesstätte aufzubauen.

Hinweis: Tipps und Anregungen, wie Sie die Kinder bei der Bewältigung der neuen Situation optimal unterstützen können, entnehmen Sie Kapitel 3 „Tägliche Übergänge von Krippenkindern".

Kommunikation von Anfang an

Nehmen Sie sich in den ersten Wochen, die das Kind in Ihrer Einrichtung verbringt, vor, häufig mit den Eltern zu sprechen, und planen Sie dafür entsprechend Zeit ein.

- **Rufen Sie die Eltern an.** Bieten Sie den Eltern an, sie zu einer passenden Zeit bei der Arbeit anzurufen, um ihnen mitzuteilen, wie es dem Kind geht.
- **Nehmen Sie Anrufe entgegen.** Vielleicht ist es für die Eltern angenehmer, wenn sie selbst anrufen können. Sagen Sie ihnen, dass sie gern anrufen dürfen, und teilen Sie ihnen mit, wann Sie am besten erreichbar sind.
- **Machen Sie sich Notizen.** Sicher werden Sie die Geschehnisse des Tages für die Eltern schriftlich festhalten. Die Notizen geben einen Überblick darüber, wann Sie dem Kind frische Windeln gegeben haben, wann und was es gegessen hat, wie lange es geschlafen, welche Aktivitäten es mitgemacht und was ihm Spaß gemacht hat. Fügen Sie den Notizen gelegentlich ein paar zusätzliche Anmerkungen über besondere Geschehnisse im Tagesablauf hinzu. Beschreiben Sie die Reaktion des Kindes auf neue Aktivitäten etwas ausführlicher.
- **Arbeiten Sie mit Fotos.** Für viele Eltern ist es sehr beruhigend, wenn sie ein Foto von ihrem Kind sehen, auf dem es gut gelaunt mit anderen Kindern zusammen zu sehen ist.
- **Bleiben Sie mit den Eltern in Kontakt.** In den ersten sechs Wochen sollten Sie sich einmal in der Woche Zeit dafür nehmen, um mit den Eltern eine kurze Bestandsaufnahme zu machen. Resümieren Sie gemeinsam und halten Sie mit ihnen fest, wie sich die Eltern im Hinblick auf bestimmte Begebenheiten fühlen. Die Gespräche sollten keine formellen Angelegenheiten sein, Sie können sie auch am Telefon führen, falls das einfacher ist.

Erzieherinnen als Hauptbezugspersonen

Es hat sich in der Praxis bewährt, jedes kleine Kind einer bestimmten Erzieherin zuzuweisen, die dann gewissermaßen zur „Expertin" für das Kind wird. So hat jede Erzieherin eine kleine Gruppe von Kindern, für die sie in erster Linie verantwortlich ist. Diese Hauptbezugsperson tröstet das Kind, wenn es unglücklich ist, wechselt seine Windeln, füttert es und legt es in der Mittagsstunde schlafen (zumindest in der ersten Zeit). Das soll nicht heißen, dass die anderen Mitarbeiterinnen das Kind nicht füttern, trösten oder seine Windeln wechseln können. Die meisten Kinder fühlen sich sehr schnell bei allen festen Mitarbeiterinnen wohl, die sie im Laufe des Tages sehen.

Trotzdem sollte vornehmlich die Hauptbezugsperson mit den Eltern über die Eingewöhnung und Entwicklung des Kindes sprechen. Sie ist die Person, die das Kind genau beobachtet, seine Fortschritte dokumentiert und die entsprechenden pädagogischen Pläne macht.

Die Zuweisung einer festen Bezugsperson ist hauptsächlich darin begründet, dass sich Kinder besser eingewöhnen, wenn sie jemanden haben, zu dem sie gehen können, wenn sie traurig oder anderweitig in Bedrängnis sind – jemanden Besonderes, der ihnen dann hilft. Die Bindung zwischen dem Kind und der verantwortlichen Erzieherin kann hier nicht als tiefe Bindung (engl. *Bonding*) bezeichnet werden, sondern eher als „emotionale Freundschaft". Die Hauptbezugsperson ist besonders für Babys wichtig, die gerade lernen, der Welt um sie herum zu vertrauen. Kinder, die dieses Urvertrauen erleben, können entspannen, trauen sich etwas, fühlen sich sicher und profitieren von den Erfahrungen, die sie machen. Ohne dieses Vertrauen bleiben sie angespannt, „auf der Hut" und können weniger lernen.

Das Festlegen einer Hauptbezugsperson ist auch für die Eltern von großem Nutzen. Es ist für sie viel einfacher, wenn es eine bestimmte Ansprechpartnerin gibt, mit der sie sich über ihr Kind austauschen. Eine der Hauptaufgaben für die Erzieherin ist hierbei, die Eltern genau kennenzulernen und sie dazu zu ermuntern, Fragen zu stellen und sämtliche Belange anzusprechen.

Kontinuierliche Betreuung und Erziehung

Kontinuierliche Betreuung und Erziehung bedeutet, dass die Kinder während ihrer Entwicklung zwei oder sogar drei Jahre lang unter der Obhut derselben Erzieherin die Stationen der Kindertagesstätte durchlaufen. Um das zu bewerkstelligen, muss die Einrichtung Hauptbezugspersonen bzw. zuständige Erzieherinnen für die Kinder festlegen (vgl. vorherigen Abschnitt). Diese Erzieherinnen beginnen mit einer Gruppe von Krippenkindern, gehen dann mit diesen Kindern in den Kleinkindbereich über und später in den Kindergarten. Wenn die Kinder dann in den Kindergarten wechseln, beginnen die Erzieherinnen wieder mit einer neuen Gruppe im Krippenbereich.

Die Gewährleistung einer kontinuierlichen Betreuung ist eine verwaltungstechnische Herausforderung, denn Kinder und Erzieherinnen kommen und gehen. Außerdem verändert sich das zahlenmäßige Verhältnis von Kindern und Mitarbeiterinnen beim Wechsel vom Krippen- in den Kindergartenbereich. In dieser Altersstufe ist der Betreuungsschlüssel größer, sodass zusätzliche Kinder von der Warteliste aufgenommen werden können. Viele Einrichtungen praktizieren eine modifizierte Form der kontinuierlichen Betreuung, die sehr gut zu funktionieren scheint. Eine Mitarbeiterin wechselt gemeinsam mit den Kindern in den Kleinkindbereich, eine weitere verbleibt im Krippenbereich, um eine kontinuierliche Betreuung der übrigen Kinder zu gewährleisten. Im Krippen- und Kleinkindbereich sollte es Erzieherinnen geben, die fest in dem entsprechenden Bereich arbeiten und dort primär die Verantwortung innehaben. Sie sind insbesondere für die Einarbeitung neuer Mitarbeiterinnen verantwortlich, wenn andere Erzieherinnen mit den Kindern zusammen den Bereich wechseln.

Es kann vorkommen, dass Ihre Mitarbeiterinnen die Einführung dieses Systems zunächst ablehnen. Viele Erzieherinnen bevorzugen es, nur mit einer bestimmten Altersgruppe zu arbeiten. Alle Stationen der frühkindlichen Entwicklung haben jedoch ihre Faszination und mit der richtigen Strategie wird jede Mitarbeiterin zu einer erfolgreichen Erzieherin für Kinder unterschiedlichster Altersstufen. Mit der richtigen Einführung und Fortbildung erkennen Erzieherinnen schnell, dass sie durch das Konzept der kontinuierlichen Betreuung eine stärkere Beziehung zu den Familien aufbauen können. Diese Beziehung ist für eine qualitativ hochwertige Betreuung und Erziehung von kleinen Kindern essenziell. Außerdem wird der Beruf der Erzieherin dadurch erheblich vielseitiger. Die Aufgaben sind nicht Tag für Tag und Jahr für Jahr die gleichen. Besonders gewinnbringend ist, dass die Erzieherinnen die Früchte ihrer Arbeit sehen. Sie können beobachten, wie sich „ihre Babys" zu souveränen Kindergartenkindern entwickeln.

Der schwierigste Übergang: der Wechsel vom Krippen- in den Kleinkindbereich

Der Übergang vom Krippenbereich in den Kleinkindbereich ist ein so bedeutender Schritt, dass man ihn fast als „neuen Lebensabschnitt" bezeichnen könnte. Dabei erlebt jedes Kind zum ersten Mal, was sich später noch oft wiederholen wird: Es geht als ältestes Mitglied einer Gruppe in eine neue Gruppe, in der es das jüngste Mitglied ist. Obwohl dieser Schritt Weiterentwicklung und Fortschritt bedeutet und die Eltern darauf stolz sein sollten, empfinden sie es häufig nicht so. Auch hier können es die Eltern sein, die am meisten unter der Umstellung leiden. In dieser Zeit brauchen sie eine Menge Zuspruch und Unterstützung von den Mitarbeiterinnen der Kindertagesstätte. Die Eltern haben zu der behüteten Umgebung des Krippenbereichs Vertrauen gefasst und sie als angenehm empfunden. Der Kleinkindbereich mag ihnen im Gegensatz dazu nun laut und chaotisch erscheinen. Ihr Kind kommt ihnen darin klein und verletzlich vor. Sie haben vielleicht sogar Angst, dass sich ihr Kind hier verletzen könnte.

Erklären Sie, dass Kleinkinder aktiv und impulsiv ihre Umgebung erkunden. Der Raum sieht manchmal chaotisch aus, weil die kleinen Kinder Dinge mit sich herumtragen, fallen lassen und dann auf etwas anderes zugehen, das ihr Interesse geweckt hat. In diesem Alter ist es normal, dass sich die Kinder einander Dinge wegnehmen, laut protestieren und sich in solchen Situationen vielleicht auch körperlich behaupten. Jedes Kind wird diese Verhaltensmuster in gewissem Maße entwickeln, auch wenn es sie bisher noch nicht gezeigt hat.

- **Erklären Sie, wie Sie reagieren.** Beschreiben Sie den Eltern, wie Sie vorgehen, um die Beaufsichtigung und Sicherheit ihres Kindes zu gewährleisten. Erläutern Sie beispielsweise die Arbeit in Kleingruppen und wie Sie Vorgänge steuern und trainieren, wenn Sie den Kindern beibringen, wie man miteinander spielt.
- **Unterstreichen Sie die Vorzüge.** Machen Sie den Eltern deutlich, inwiefern ihr Kind von der stimulierenderen Umgebung und all den neuen pädagogischen und sozialen Aktivitäten profitiert.
- **Zeigen Sie Empathie.** Manche Eltern haben bei diesem Übergang das Gefühl, dass sie „ihr Baby verlieren". Sie haben bereits erkannt, wie sich ihr einst so verschmustes Baby abnabelt und unbedingt seine nun größere Welt erforschen möchte. Das Verlassen des Krippenbereichs hat definitiv etwas Endgültiges.
- **Würdigen Sie die Weiterentwicklung.** Helfen Sie den Eltern, auf die Fortschritte ihres Kindes stolz sein zu können. Vermitteln Sie ihnen, dass es für ihr Kind ganz wundervoll ist, nun ein Kleinkind zu sein.
- **Stehen Sie den Eltern als „Freundin" zur Verfügung.** In Einrichtungen, die keine personelle Kontinuität in der Kinderbetreuung bewerkstelligen können, haben die Eltern vielleicht das Gefühl, eine Freundschaft zu verlieren, die sie mit der engen Bindung zur Erzieherin im Kleinstkindbereich aufgebaut haben. Natürlich bleibt Ihr aufrichtiges Interesse weiterhin bestehen, aber auch die neue Mitarbeiterin sollte ein Teil ihres Freundeskreises werden und kann ihnen vielleicht sogar noch eine größere Stütze sein. Wenn das Kind zu einer neuen Erzieherin wechseln muss, sollten Sie sich besonders darum bemühen, dass Eltern und Mitarbeiter des Kleinkindbereichs einander kennenlernen. Gestalten Sie den Übergang sukzessive, damit ausreichend Zeit für die Treffen zwischen den Erzieherinnen aus dem Kleinkindbereich und den Eltern zur Verfügung steht. Ebenso können die Eltern und das Kind den neuen Bereich vorab besuchen. So wird der Wechsel für alle Beteiligten sehr viel angenehmer. Wenn Sie eine kontinuierliche Betreuung anbieten (wie auf S. 21 f. beschrieben), wird dieser Übergang die Gesamtsituation nicht weiter belasten.
- **Bieten Sie weiterhin maßgeschneiderte Betreuung an.** Die Eltern denken vermutlich, dass niemand ihr Kind so genau kennt wie die Erzieherin im Krippenbereich, und dass es in der neuen Umgebung niemand mehr so liebevoll umsorgt wie dort. Geben Sie den Eltern durch Ihr Handeln und durch Gespräche die Sicherheit, dass ihr Kind wie bisher respektiert und gefördert wird.
- **Gehen Sie in kleinen Schritten vor.** Es empfiehlt sich erneut, den Übergang Schritt für Schritt zu bewerkstelligen. Findet ein Wechsel der Hauptbezugsperson statt, sollte die zuständige Erzieherin festgelegt werden, bevor das Kind in die neue Gruppe kommt. Erzieherin und Kind können so früh genug beginnen, eine Beziehung zueinander aufzubauen.
- **Lernen Sie das Kind kennen.** Bei einem Wechsel der Hauptbezugsperson sollte die neue Erzieherin Zeit haben, um das Kind genau zu beobachten und kennenzulernen, während es noch im Krippenbereich ist. Sie sollte gelegentlich mit dem Kind zusammen auf dem Boden spielen, in der Regel wird auf diese Weise am schnellsten eine Beziehung zu einem Kleinkind aufgebaut. Die Eltern sollten in diesen Prozess mit einbezogen werden. Lassen Sie sie beim Spiel mit der neuen Erzieherin ruhig zusehen und zeigen Sie ihnen, wie Sie gemeinsam mit der Kollegin die schriftlichen Notizen der Tagesgeschehnisse durchgehen.
- **Bleiben Sie in Kontakt.** Die Eltern werden weiterhin den engen Kontakt und Austausch mit Ihnen wünschen. Sie freuen sich über die Notizen (Essen, Schlafen, Windelnwechseln und tägliche Aktivitäten), die sie jeden Tag mit nach Hause bekommen. Genau diese Form der Kommunikation sollte beibehalten werden, wenn die Kinder in den Kleinkindbereich oder den

Kindergarten übergehen. Im Kleinkindbereich stehen Spielaktivitäten, die Förderung der Sprache, des Denkens und der Feinmotorik im Fokus, weniger die Pflege.

- **Bleiben Sie in der Nähe.** Sorgen Sie für regelmäßige Gespräche mit den Eltern, bei denen Sie besprechen, wie die Entwicklung des Kindes verläuft, welche Neuigkeiten es in der Gruppe gibt, und um Befindlichkeiten abzufragen.

Der Übergang in den Kleinkindbereich aus der Perspektive eines Kindes

Das Schlüsselwort im Zusammenhang mit einem erfolgreichen Übergang vom Krippenbereich in den Kleinkindbereich lautet *sukzessive*. Mit dem Kleinkindbereich betritt das Kind eine neue Welt. Sorgen Sie dafür, dass diese neue Welt viel Bekanntes beinhaltet und so angenehm wie möglich ist. Wie schon gesagt: Wenn Sie eine kontinuierliche Betreuung gewährleisten, fallen nahezu sämtliche Aspekte weg, die für das Kind „traumatisch" oder verwirrend sein könnten. Der vertraute Erwachsene ist der Anker für das Kind.

- **Sorgen Sie dafür, dass das Kind den Kleinkindbereich oft besuchen kann**, und zwar über mehrere Wochen hinweg für immer längere Zeiträume. Beginnen Sie damit, dass die Hauptbezugsperson das Kind begleitet und dabei ist, wenn das Kind die neue Umgebung erkundet – zunächst nur für ein paar Minuten, dann länger. Zu diesem Zweck lässt sich vielleicht ein Mitarbeitertausch arrangieren. Im Anschluss sollte das Kind erst kurze, dann längere Besuche ohne die vertraute Bezugsperson machen. Der nächste Schritt besteht darin, dass Sie das Kind ermuntern, eine Zwischenmahlzeit mit den Kleinkindern zusammen einzunehmen. Wenn es sich dabei wohlfühlt, schlagen Sie ihm vor, auch zum Mittagessen in den Kleinkindbereich zu gehen. Dann ermuntern Sie das Kind dazu, seinen Mittagsschlaf bei den Kleinkindern zu machen und schließlich den Tag dort zu verbringen.
- **Mit Freunden zusammen umziehen.** Der Übergang fällt dem Kind leichter, wenn es mit mehreren Freunden gleichzeitig „umzieht". Kleine Kinder gehen tatsächlich schon Freundschaften ein. Diese sozialen Bindungen zu anderen Kindern sind eine große Hilfe, sich weniger einsam zu fühlen.

- **Halten Sie die Gruppen klein.** Auch im Kleinkindbereich sind kleine Gruppengrößen und ein hoher Betreuungsschlüssel wichtig. Das kleine Kind ist von der neuen Umgebung weniger überwältigt, wenn nur wenige andere Kinder mit zur Gruppe gehören.
- **Planen Sie ein, dass die Kinder mehr Aufmerksamkeit brauchen.** Die Erzieherin muss sich darauf einstellen, dass jedes neue Kind in der Gruppe zunächst etwas mehr Zuwendung braucht. Kleine Kinder müssen intensiv beaufsichtigt werden. Mit ihren neuen grobmotorischen Fertigkeiten und besonders in der Kletterphase kann ihnen leicht ein Missgeschick passieren. Außerdem ist die Wahrscheinlichkeit, dass Kinder einander beißen, in diesem Alter am größten.

Aktivität für Übergänge

Ein „Das kann ich schon"-Buch

Das brauchen Sie

- eine Kamera
- Papier
- ein Buch aus Gefrierbeuteln mit Zippverschluss (eine Art Reißverschluss), siehe Anleitung unten
- Fotokarton oder Tonpapier (optional)

So basteln Sie das Buch aus Gefrierbeuteln

Nähen Sie mehrere transparente Gefrierbeutel mit Zippverschluss am unteren Ende zusammen. Schneiden Sie den Fotokarton oder das Tonpapier so zurecht, dass die Stücke genau in die Beutel passen. So können Sie Vorder- und Rückseite benutzen. Dann kleben Sie auf beide Seiten des Kartons Fotos, schieben die Kartons in die Tüten und verschließen den Zipper.

So basteln Sie das Buch

Fotografieren Sie das Kind bei diversen Aktivitäten während seiner Besuche im Kleinkindbereich, zum Beispiel, wenn es gerade mit neuem Spielzeug spielt, auf ein neues Klettergerüst steigt, eine Zwischenmahlzeit einnimmt, mit einer neuen Freundin oder einem neuen Freund spielt oder wenn es von einer neuen Erzieherin umarmt wird. Machen Sie auch ein Foto davon, wie das Kind seine Windeltasche in den neuen Bereich bringt und sein Kuscheltier in das neue Fach legt. Nun kleben Sie die Fotos auf und schreiben ein paar Erläuterungen dazu. Unter dem Bild auf der letzten Seite könnte der Satz stehen: „Karla ist jetzt ein großes Mädchen." Dann legen Sie die Seiten in das Buch mit den Reißverschlusstaschen.

Das tun Sie

Überreichen Sie das Buch den Eltern, damit sie es mit nach Hause nehmen und dem Kind regelmäßig vorlesen können. Dabei sollten sie seine Fortschritte mit Stolz hervorheben und es positiv auf die neuen Erlebnisse einstimmen, die das Kind nun in seiner erweiterten Welt erwarten.

Vom Kleinkindbereich in den Kindergarten

Die soeben beschriebenen Prinzipien sollten auch berücksichtigt werden, wenn das Kind vom Kleinkindbereich in den Kindergarten überwechselt. An diesem Punkt endet meistens, wenn auch nicht immer, die kontinuierliche Betreuung und die Hauptbezugsperson übernimmt wieder eine Gruppe im Krippen- oder Kleinkindbereich. Die Kinder wechseln in den Kindergarten und damit auch zu einer neuen Erzieherin. Dieser Übergang ist oft weniger traumatisch, weil das Kind sich schon verbal mitteilen kann und ganz gespannt auf die bevorstehenden neuen Abenteuer ist.

Lernen Sie einander kennen. Laden Sie die Kindergärtnerinnen zu Besuchen ein, damit sie mit den Kindern spielen und eine Beziehung zu ihnen aufbauen können.

- **Beziehen Sie die Eltern mit ein.** Halten Sie Elternabende ab und ermuntern Sie die Eltern zum Hospitieren. Die Entscheidung, wann das Kind wechselt, sollte darauf basieren, ob es die entsprechende Reife mitbringt, und nicht einfach aufgrund seines Alters gefällt werden.
- **Fangen Sie auf dem Spielplatz an.** Oft gibt es separate Spielplätze für Krippenkinder und ältere Kinder. Diese Spielplätze sind ideal für die ersten Besuche, weil die Kinder von den neuen, spannenden Spielgeräten begeistert sein werden.
- **Beginnen Sie frühzeitig.** Die ersten Besuche können bereits ein bis zwei Monate vor dem geplanten Wechsel stattfinden. Arrangieren Sie wie beim Wechsel in den Kleinkindbereich langsam länger werdende Aufenthalte im Kindergarten. Ganz wichtig ist auch, dass das Kind dort die Toilette benutzen darf.
- **Lassen Sie soziale Bindungen bestehen.** Der Übergang in den Kindergarten fällt Kindern gemeinsam mit Freunden leichter.
- **Fertigen Sie ein Buch an.** Ein „Das kann ich schon"-Buch finden alle Kinder großartig. Es zeigt ihnen, was sie bereits können, und vermittelt ihnen, dass der Wechsel in den anderen Bereich ein Grund zum Feiern ist (siehe S. 25).

Übergänge: Wenn ein Kind die Einrichtung verlässt

Es gibt viele Gründe dafür, warum Kinder eine Tagesstätte verlassen. Die Familie zieht um, ein Elternteil hat neue Arbeitszeiten oder ein Elternteil bleibt zu Hause, um das Kind zu betreuen. Egal, aus welchem Grund, ihr Fortgang geht immer mit einem Verlust einher, weil dabei eine Beziehung in die Brüche geht. Das Kind wird unter dem Verlust seiner erwachsenen Freunde leiden. So etwas ist nicht nur für die Erzieherin traurig, die das Kind schon als Baby betreut hat, sondern auch für andere Kinder, die sich mit ihm angefreundet haben.

- **Bleiben Sie in Kontakt.** Viele Erzieherinnen halten Kontakt mit Familien, die weggezogen sind. Manchmal sind sie sogar Jahre später beim Schulabschluss des Kindes dabei. Wie Sie es handhaben möchten, bleibt natürlich Ihre ganz persönliche Entscheidung.
- **Fertigen Sie ein Abschiedsbuch an.** Sorgen Sie dafür, dass die Familie ihren Abschied angenehm in Erinnerung behält. Sie könnten den Eltern bei dieser Gelegenheit zum Beispiel Fotos und kleine Basteleien aus dem Ordner des Kindes mitgeben.
- **Feiern Sie eine Abschiedsparty mit der Familie.** Geben Sie anderen Eltern und den Kindern aus der Gruppe Gelegenheit, sich von der Familie zu verabschieden.
- **Bieten Sie Besuche an.** Laden Sie das Kind ein, dann und wann zu Besuch zu kommen.
- **Helfen Sie den Eltern/dem Elternteil.** Die Eltern machen sich vielleicht Sorgen, weil sie auch in ihrer neuen Umgebung eine qualitativ gute Kinderbetreuung haben möchten. Geben Sie ihnen Informationen, worauf sie bei der Suche achten sollten, und nennen Sie Ansprechpartner und Einrichtungen vor Ort, die Eltern bei der Vermittlung qualitativ hochwertiger Einrichtungen behilflich sind.

Übergänge beim Schichtwechsel

Tägliche Übergänge

In einer Kindertagesstätte sehen die Kinder im Tagesverlauf sehr wahrscheinlich mehrere unterschiedliche Erzieherinnen. Die gängigen 8-Stunden-Schichten oder auch kürzere Schichten der Mitarbeiter decken sich nur selten ganz genau mit der Zeitspanne, die das Kind in der Tagesstätte verbringt. Außerdem gibt es immer „Springer" oder Personal, das in den Pausen der festen Mitarbeiter die Gruppen betreut. Und natürlich wird jede Einrichtung von Zeit zu Zeit mit Aushilfen arbeiten. Versuchen Sie, dafür zu sorgen, dass sich die Kinder auf möglichst wenige Mitarbeiter einstellen müssen.

- **Feste Zeiten helfen.** Die Kinder wissen, worauf sie sich einstellen können, wenn Ihre Mitarbeiter jeden Tag zur selben Zeit kommen und gehen. „*Frau Schmidt geht immer nach Hause, wenn wir gefrühstückt haben. Herr Hansen kommt jeden Morgen und spielt eine Weile mit uns, wenn Frau Schmidt weggeht.*" Wenn sich ein Kind daran gewöhnt hat, ist es kein großes Thema mehr.
- **Begrüßen Sie die Kinder.** Wenn die Erzieherinnen morgens ankommen und schon ein paar Kinder anwesend sind oder wenn sie von ihren Pausen zurückkehren, sollten sie jedes Kind begrüßen. Dazu empfehlen sich Begrüßungsrituale, wie sie auf Seite 35 beschrieben werden.
- **Verabschieden Sie sich.** Genau so, wie wir den Eltern sagen, dass sie sich nicht einfach hinausstehlen sollen, wenn sie morgens die Kinder gebracht haben, sollten sich auch die Erzieherinnen von den Kindern freundlich verabschieden, wenn sie gehen, auch wenn das ein paar Tränchen nach sich zieht. Es ist auf jeden Fall besser, als einfach zu verschwinden.
- **Richten Sie zeitliche Überschneidungen ein.** Es erleichtert die Arbeit, wenn sich die Schichten der Erzieherinnen überschneiden. Sie können sich dann kurz austauschen und der Übergang ist für die Kinder weniger abrupt.

- **Lernen Sie die Eltern kennen.** Manche Eltern finden es verwirrend, eine ihnen unbekannte Erzieherin vorzufinden, wenn sie kommen, um ihr Kind abzuholen. Daher sollten die Eltern sämtliche Erzieherinnen kennenlernen, die mit ihrem Kind zusammenarbeiten werden, wenn sie es in der Tagesstätte anmelden. Das kann beim Aufnahmegespräch, bei Elternabenden, bei Veranstaltungen für die Familien oder bei den Elternbesuchen vor der Aufnahme des Kindes geschehen. Ist eine neue Erzieherin im Raum, wenn die Eltern kommen, sollte sich die Mitarbeiterin kurz vorstellen oder eine Kollegin bitten, sie den Eltern vorzustellen.
- **Achten Sie auf geregelte Abläufe bei den Routinen.** Sämtliche Mitarbeiter, inklusive der Aushilfen, sollten genau instruiert sein, wie was gemacht wird – Windeln wechseln, Füttern, Toilettenritual, Hände waschen, die Kinder schlafen legen usw. – damit sich das Kind auch mit einer neuen Person wohlfühlt.

Neues Personal

Personalwechsel sind immer ein Schock für kleine Kinder unter drei Jahren. Sie gehen mit ihrer Hauptbezugsperson eine intensivere Bindung ein als Kinder über drei Jahren. Deshalb ist ein Verlust gravierender als bei älteren Kindern. Aus diesem Grund ist es für jede Kindertagesstätte ratsam, Personalwechsel im Krippenbereich auf ein Minimum zu reduzieren. Erzieherinnen sollten auf jeden Fall gründlich vorausplanen und nur dann gehen, wenn auch die Kinder in einen neuen Bereich wechseln.

- **Informieren Sie die Eltern möglichst frühzeitig.** Verlässt eine Erzieherin die Einrichtung im Guten und steht der Termin schon frühzeitig fest, sollten Sie den Eltern den Grund dafür mitteilen, damit sie nicht eines Tages kommen und sich über ein neues Gesicht wundern. Die Eltern sollten die Gelegenheit haben, sich verabschieden und bedanken zu können.
- **Besetzen Sie die Stelle möglichst intern.** Sofern es möglich ist, sollten Sie die freie Stelle mit jemandem besetzen, den die Eltern und die Kinder kennen, damit der Wechsel für die Kinder weniger traumatisch vonstatten geht.
- **Beteiligen Sie die Eltern am Auswahlverfahren.** Binden Sie die Eltern in die Suche und Auswahl der frei gewordenen Stelle mit ein. Sie fühlen sich dann auch dafür verantwortlich, dass sich die neue Erzieherin willkommen fühlt. Auf diese Weise vermitteln Sie ihnen, dass Sie ihre Meinung wertschätzen, und es macht ihnen vielleicht auch deutlich, wie ernst Sie die Besetzung der Stelle nehmen.
- **Geben Sie den Eltern Gelegenheit, die neue Erzieherin gut kennenzulernen.** Veröffentlichen Sie ein Foto und den Werdegang der neuen Erzieherin in Ihrem Newsletter oder Infoblatt. Sie können auch einen kleinen formlosen Empfang organisieren, bei dem die Eltern die neue Mitarbeiterin kennenlernen können.
- **Sorgen Sie dafür, dass sich Einstieg der neuen und Weggang der alten Mitarbeiterin überschneiden.** Idealerweise arbeitet die neue Mitarbeiterin eine Weile parallel mit der alten zusammen, bevor sie fortgeht. So können sich Kinder und Eltern an die neue Erzieherin gewöhnen und es trägt außerdem dazu bei, dass die konsequente Handhabung zahlreicher Routinen gewährleistet bleibt.
- **Nicht alles auf einmal.** Halten Sie die Aktivitäten in den ersten ein, zwei Wochen möglichst einfach, damit sich die neue Erzieherin darauf konzentrieren kann, die Kinder kennenzulernen, und keine aufwendigen Aktivitäten vorzubereiten hat.

- **Alles braucht seine Zeit.** Manchmal sind die Kinder in den ersten Tagen mit einer neuen Erzieherin etwas bockig und temperamentvoll. Sorgen Sie dafür, dass die neue Mitarbeiterin reichlich Zeit für die täglichen Routinen (Windelnwechseln, Anziehen, Füttern usw.) hat, damit sich niemand unter Druck gesetzt fühlt.

Der Übergang vom Wochenende zum Montag

Kleine Kinder können schnell temperamentvoll werden, wenn die tägliche Routine unterbrochen wird. Daher kann eine scheinbar einfache Angelegenheit wie die Rückkehr in die Tagesstätte nach einem turbulenten Wochenende zu Hause für Kinder dieser Altersgruppe eine echte Herausforderung sein. Einkaufen, Besuche machen, zu anderen Zeiten schlafen, länger aufbleiben, andere Essenzeiten und so weiter können die Kinder schnell aus dem Gleichgewicht bringen.

- **Begrüßen Sie die Kinder herzlich.** Bereiten Sie den Kindern einen besonders warmherzigen Empfang, damit ihnen klar wird, dass sie wieder dort sind, wo sie wissen, wie alles läuft (siehe S. 35).
- **Sprechen Sie mit den Eltern.** Fragen Sie die Eltern, was sie am Wochenende gemacht haben. Sie erzählen Ihnen dann vielleicht einiges, was das Verhalten des Kindes erklärt.
- **So einfach wie möglich.** Gehen Sie direkt zu Ihrer festen täglichen Routine über und erledigen Sie alles wie gewohnt. Planen Sie für den Montagmorgen nur einfache, beruhigende Aktivitäten wie zum Beispiel sensorisches Spiel.
- **Gehen Sie optimistisch in die Woche.** Vor Ihnen liegt eine großartige Woche mit lauter schönen Momenten für die Kinder, die Spaß machen und ihre Entwicklung fördern. Vermitteln Sie das auch den Eltern.

Kapitel 3
Tägliche Übergänge von Krippenkindern

Erzieherinnen, die im Krippenbereich mit Babys arbeiten, haben manchmal das Gefühl, dass ihnen keine Zeit für Lernaktivitäten bleibt, weil die täglichen Routinen, das Füttern und das Windelnwechseln so viel Zeit in Anspruch nehmen. Viele von ihnen erkennen dabei zumindest anfänglich nicht, dass ein Großteil des Lernens, von dem die Kinder profitieren, gerade im Zusammenhang mit diesen einfachen täglichen Routinen stattfindet. Am wichtigsten ist es – und daran sollten Sie immer wieder denken –, jeden Augenblick zu genießen. Im gesamten Tagesablauf gibt es keinen Moment, der wichtiger ist als ein anderer. Bei jeder Interaktion mit Ihnen lernt das Kind ein bisschen mehr darüber, was es heißt, ein Mensch zu sein. Wenn Sie mit Babys arbeiten, haben Sie immensen Einfluss auf jedes Kind.

Individuell zugeschnittene Ablaufpläne

Es gibt viele gute Gründe, warum Babys einen bedürfnisgesteuerten Ablaufplan haben sollten. Mit anderen Worten: Sie essen, wenn sie Hunger haben, schlafen, wenn sie müde sind, und erkunden ihre Umgebung, wenn sie entspannt und aufmerksam sind. Aufgrund ihrer unterschiedlichen Entwicklung und ihres individuellen Temperaments tun sie diese Dinge zu unterschiedlichen Zeiten. In einer guten Krippe ist selten zu beobachten, dass alle Kinder zur selben Zeit dasselbe tun. Für diese Form der maßgeschneiderten Betreuung muss die Erzieherin jedes Kind ganz genau kennen und die Signale richtig interpretieren können, mit denen es zeigt, was es braucht.

Das eine Kind zieht vielleicht an seinem Ohr und zwirbelt sein Haar, wenn es müde ist, ein anderes ist gereizt und fängt an zu weinen. Aufmerksame Erzieherinnen können schon bald bei jedem Kind unterscheiden, ob sein Weinen Hunger, Müdigkeit, Frustration oder Schmerzen bedeutet. Einige Kinder haben einen sehr stabilen täglichen Rhythmus mit festen Ess-, Schlaf- und Spielintervallen. Andere agieren weniger vorhersehbar. Damit die Erzieherinnen angemessen auf jedes Kind eingehen können, sollten sie gerade im Krippenbereich nur wenige Kinder in ihrer Obhut haben (siehe auch den Abschnitt „Erzieherinnen als Hauptbezugspersonen" auf S. 20 f.).

Finden Sie so viel wie möglich über das Kind heraus, damit Sie weitestgehend vorhersehen können, wie seine Routine ablaufen wird. Niemand kennt ein Baby besser als seine Eltern, also nutzen Sie Ihr Expertenwissen. Sprechen Sie schon beim Aufnahmegespräch über die täglichen Routinen des Kindes und fragen Sie die Eltern nach speziellen Tricks und Kniffen, mit denen sie die Aufmerksamkeit des Kindes während der Mahlzeiten aufrechterhalten, das Kind schlafen legen, trösten und so weiter.

Stellen Sie einen schriftlichen Ablaufplan für jedes Kind auf, damit die zuständige Erzieherin, aber auch alle Aushilfskräfte abschätzen können, worauf sie sich bei dem Kind einstellen müssen. Bleiben Sie aber trotzdem flexibel und handeln Sie gemäß der Signale, die das Kind Ihnen gibt. Damit das reibungslos funktioniert, müssen Sie gut organisiert sein und Ihr Mitarbeiterteam muss effektiv zusammenarbeiten können. Sollten Sie beispielsweise gerade damit beschäftigt sein, ein Baby zu füttern, das länger geschlafen hat als erwartet, sollte eine andere Erzieherin einspringen können, um ein Kind aus seinem Bettchen zu holen. Diese Art von Flexibilität und Teamgeist müssen Mitarbeiter im Kleinstkindbereich unbedingt mitbringen.

Es ist außerdem wichtig, dass Sie ein System für die schriftliche Kommunikation mit den Eltern entwickeln. Eltern sind sehr daran interessiert, was ihr Kind jeden Tag macht. Die meisten Eltern lesen gern Notizen darüber, was und wann ihr Kind gegessen hat, wann die Windeln gewechselt wurden, wann es geschlafen und gespielt hat. Diese schriftlichen Notizen ersetzen aber keinesfalls die Gespräche mit den Eltern. Sie sollten ihnen unbedingt von den Vorkommnissen des Tages erzählen, was das Kind gesagt oder getan hat. Vermitteln Sie den Eltern außerdem, dass es Ihnen Freude macht, sich um ihr Kind zu kümmern.

Die morgendliche Trennung von den Eltern

Lesen Sie Kapitel 2 „Übergänge innerhalb der Kindertagesstätte“, um etwas darüber zu erfahren, wie der Einstieg des Kindes in die Kindertagesstätte ablaufen sollte. Die Vorkehrungen, die Sie schon im Voraus für diesen bedeutenden Übergang treffen, haben maßgeblichen Einfluss auf das Wohlbefinden der Kinder und der Eltern. Eine gute Vorbereitung trägt entscheidend dazu bei, wie erfolgreich Sie die erste Übergangssituation des Tages mit den Kindern und ihren Eltern meistern.

Sich von geliebten Menschen zu trennen und ihnen dann wieder zu begegnen, ist eine wichtige Erfahrung im Leben. Ungeachtet des Alters kann so etwas jedem schwerfallen. Für kleine Kinder im Alter von sieben bis acht Monaten kann es sehr hart sein, sich von einem Elternteil zu trennen, da sie zu diesem Zeitpunkt beginnen, immer mehr Situationen bewusst zu erleben. Meistens sieht man ihnen den Kummer an. Da sie kein Zeitgefühl haben, denken sie möglicherweise, dass sie den Elternteil für immer verlieren. Gießen Sie in solchen Situationen sozusagen „kein Öl ins Feuer“, sondern geben Sie dem Gefühl des Kindes Raum. Bleiben Sie ruhig und trösten Sie das Kind.

Wie lange ein Kind braucht, um sich einzugewöhnen, hängt von zahlreichen Faktoren ab. Sein Temperament spielt dabei eine große Rolle. Es gibt sehr entspannte Kinder, die Veränderungen bereitwillig hinnehmen, andere sind vorsichtiger und ängstlicher. Es kommt auch auf das Alter des Kindes an. Generell passen sich sehr junge Kleinkinder schneller an als etwas ältere. Natürlich hängt es auch davon ab, wie schnell der Übergang stattgefunden hat. Kinder und Eltern, die die Tagesstätte schon im Voraus häufig besuchen und sich sukzessive an die Betreuungssituation gewöhnen konnten (siehe S. 16 f.), passen sich oft deutlich reibungsloser an als Kinder, die zügig angemeldet wurden und morgens nur schnell abgeliefert werden.

Gerade Babys oder sehr junge Kleinkinder haben häufig keine Schwierigkeiten, sich von den Eltern zu trennen, was bei ihnen nicht selten Bestürzung auslöst. Mit der Entwicklung der Objektpermanenz gegen Ende des ersten Lebensjahres ändert sich dies und sie beginnen zu fremdeln. Diese Phase kann für den Einstieg in eine Kindertagestätte sehr problematisch sein. Es kann in dieser Zeit auch passieren, dass Kinder, die sich monatelang problemlos von ihren Eltern trennen konnten, nun plötzlich dagegen protestieren. Ihnen wird die Abwesenheit des Elternteils bewusst. In dieser schwierigen Phase unterstützen Sie das Kind, indem Sie stets Ruhe und Gelassenheit bewahren, Einfühlungsvermögen beweisen und diese Gefühle des Kindes hinnehmen, anstatt sie zu beschönigen oder zu leugnen.

Der tägliche Übergang vom Elternhaus zur Kindertagesstätte macht den Eltern möglicherweise am meisten zu schaffen. Einige der hier beschriebenen Vorschläge zielen daher auf die Bedürfnisse der Eltern ab. Bedenken Sie: Je fröhlicher und entspannter der Elternteil, desto glücklicher und gelassener ist auch das Kind. Die Erzieherin muss dafür sorgen, dass dieser tägliche Übergang für Eltern und Kinder gut abläuft.

Sein Baby jemand anderem, insbesondere einem „Fremden" anzuvertrauen, gehört zu den schwersten Dingen im Leben. Eltern gehen damit ganz unterschiedlich um. Einigen scheint es nicht besonders schwerzufallen, anderen bricht es förmlich das Herz. Den Erzieherinnen muss aber klar sein, dass es für jeden hart ist. Die Eltern müssen Ihnen als Bezugsperson des Kindes vertrauen können und dabei die Sicherheit haben, dass Sie, was die Zuneigung des Kindes anbelangt, nie ihre Position einnehmen werden – ein Aspekt, der vielen Eltern am meisten Angst macht. Sprechen Sie bereits beim Aufnahmegespräch mit den Eltern darüber und kommen Sie von Zeit zu Zeit auf dieses Thema zurück. Vermitteln Sie ihnen, dass sie für ihr Kind immer die Nummer eins sein werden und dass es für das Kind gewinnbringender ist, wenn es eine weitere Bindung zu einer Person aufbaut.

Sorgen Sie für Beständigkeit

Sorgen Sie dafür, dass die Eltern das Gefühl haben zu wissen, „wo der Hase in Ihrer Einrichtung langläuft". Vermitteln Sie den Eltern deutlich Ihr Ziel und zeigen Sie auf, was von ihnen erwartet wird.

- **Sorgen Sie für den täglichen Empfang durch eine bekannte Person.** Es ist ganz wichtig, dass Elternteil und Kind jeden Morgen von derselben Person begrüßt werden.
- **Informieren Sie die Eltern über Veränderungen.** Sofern es möglich ist, informieren Sie die Eltern am Vortag, wenn eine Aushilfskraft kommt oder eine andere Veränderung ansteht. Es kann für die Eltern sehr beunruhigend sein, ein unbekanntes Gesicht zu sehen, wenn sie ihr Baby morgens abgeben.
- **Die persönlichen Dinge des Kindes gehören an einen festen Platz.** Legen Sie fest, an welchem Haken die Windeltasche des Kindes aufgehängt werden soll, und versehen Sie diesen mit einem Namensschild. Stellen Sie auch Kisten für die Windeln, das Essen und so weiter bereit, die ebenfalls mit dem Namen des Kindes versehen sind. Die Eltern sollten genau wissen, wohin sie mitgebrachte Dinge legen müssen, wenn sie morgens in Eile sind.
- **Schaffen Sie eine behagliche Atmosphäre.** Es ist angenehm, wenn sich die Eltern bequem hinsetzen können, während sie dem Kind die Jacke ausziehen und es für den Tag fertig machen. Die Eltern sollten sich in Ihrer Einrichtung stets wohlfühlen.
- **Geben Sie dem Kind Dinge an, die ihm das Gefühl von Sicherheit geben.** Ein Teddy, eine Schmusedecke oder ein Kleidungsstück des Elternteils kann dem Kind eine große Hilfe sein, sich in jeder neuen Umgebung wohlzufühlen.

Aktivitäten für Übergänge

Begrüßungsritual

Das tun Sie

Erfinden Sie einen kleinen Vers, in den Sie den Namen des Kindes einsetzen können. Bei der Ankunft von Elternteil und Kind am Morgen, sagen Sie den Vers auf und machen dazu eine bestimmte Bewegung. Sie könnten mit dem Kind auf dem Arm zum Beispiel einen Walzer tanzen und dabei folgendes Lied nach der Melodie „Ein Loch ist im Eimer" singen:
Wie geht's dir heute Morgen, heute Morgen, heute Morgen,
wie geht's dir heute Morgen, mein(e) Freund(in) Michael/Isabel?
Ein solches Liedchen lässt sich leicht für jedes Kind finden und Sie können Ihre Bewegung dem Temperament des Kindes anpassen.

Sinn dieses kleinen Rituals ist es, dem Kind einen guten Start in den Tag zu verschaffen. Es ist gerührt und fühlt sich anerkannt, wenn jeden Morgen bei der Begrüßung genau dasselbe passiert. Und der Elternteil kann sicher sein: Sie haben gesehen, dass das Kind angekommen ist, und freuen sich, es zu sehen. Das Ritual sollte nicht aufgesetzt oder gekünstelt wirken. Bleiben Sie locker und spontan. Machen Sie es nur, wenn Sie sich gut dabei fühlen.

Ein solches Begrüßungsritual beinhaltet auch, dass Sie die Eltern mit einem freundlichen Lächeln begrüßen und sie beim Namen nennen. Erkundigen Sie sich, ob das Kind eine angenehme Nacht und einen guten Morgen hatte sowie nach weiteren Informationen, die für Ihren Tag mit dem Kind wichtig sind.

Verabschiedungsritual

Das tun Sie

Empfehlen Sie den Eltern, für den Abschied von ihrem Kind ein kleines Ritual zu entwickeln, wenn sie es in der Krippe abgeben. Erklären Sie ihnen, dass es ihrem Kind hilft, wenn sie bei der Verabschiedung immer wieder auf dieselbe Art und Weise das Gleiche tun, selbst wenn es noch weint. Dabei sollten die Eltern mit Worten, Gesten und kleinen Handlungen arbeiten. Da Gesten, Gesichtsausdrücke und Körpersprache dem Kind mehr sagen als Worte, vermittelt ihm dieses Ritual: *„Ich gehe jetzt. Wir werden getrennt sein. Aber ich liebe dich und du liebst mich und ich komme wieder."* Jedes Elternpaar sollte sein eigenes Ritual entwickeln. Sie können es auch verändern, wenn das Kind älter ist.

Ein Beispiel:

Mutter oder Vater sagen: *„Auf Wiedersehen, mein kleiner Schatz, ich muss jetzt zur Arbeit. Ich lasse dich hier, dann kann Frau Schmidt sich um dich kümmern. Nachher bin ich wieder da."* Der Elternteil küsst das Kind auf beide Wangen und sie reiben ihre Nasen aneinander. Wenn Mutter oder Vater weggehen, kann die Erzieherin mit dem Kind ans Fenster gehen und sie können den Eltern gemeinsam nachwinken.

Einem traurigen Baby etwas vorsingen

Das tun Sie

Das Baby braucht die Erzieherin, wenn der Elternteil weggeht, um die entstandene Leere auszugleichen. Einige Babys weinen sehr laut. Andere, insbesondere sehr kleine, wirken nur ein bisschen ausdruckslos. Am besten singen Sie dem Kind jetzt etwas vor. Halten Sie es in Ihren Armen und gehen Sie mit ihm umher oder wippen Sie ein bisschen. Die Schwingungen Ihrer Stimme und der sanfte Halt wirken beruhigend und trösten das Kind. Fahren Sie damit so lange fort, wie es das Kind Ihrer Meinung nach braucht. Dann können Sie das Kind absetzen und in seiner Nähe bleiben oder seine Windeln wechseln und es füttern. Bleiben Sie zunächst so lange in der Nähe, bis Sie das Gefühl haben, das Kind schaut sich um und möchte den Raum erkunden.

Ein Lied zum Trösten

Das tun Sie

Singen Sie dem Kind den folgenden Vers zu der Melodie von „Fuchs, du hast die Gans gestohlen" vor, während Sie es im Arm halten.

Tschüss sagt (sie/er) und ist dann weg,
ist nicht wirklich schön,
|: *aber sieh mal, ich bin da,*
hab' Spaß mit dir den ganzen Tag. :|

Die Familienfotowand

Das brauchen Sie

- Nachrichtenbrett/Pinnwand in der Nähe des Gruppenraumes
- ein Foto von jedem Kind und jedem Elternteil

Das tun Sie

Bitten Sie jedes Elternpaar, ein Familienfoto mitzubringen, oder – noch besser – machen Sie ein Foto von den Eltern, auf dem sie lächeln und das Kind auf dem Arm halten. Schreiben Sie alle Namen dazu und heften Sie diese Fotos an die Pinnwand. Wenn das Kind traurig ist und seine Eltern zu vermissen scheint, gehen Sie mit ihm zur Pinnwand. Sprechen Sie über das Foto: *„Sieh mal, hier ist ein Foto von Isabel und Mama. Mama hat Isabel ganz doll lieb."* Das Baby möchte vielleicht die Hand ausstrecken und das Foto anfassen. Sie können dem Kind auch die Fotos von den anderen Kindern und ihren Eltern zeigen und ihre Namen sagen.

Die Familienfotowand bietet darüber hinaus allen Eltern die Gelegenheit, die anderen Eltern mit ihren Namen kennenzulernen, und macht sichtbar, welches Kind zu wem gehört. Auf diese Weise entwickelt sich häufig ein Gemeinschaftsgefühl.

Was tun, wenn sich der Elternteil nicht losreißen kann?

Von Zeit zu Zeit werden Sie Eltern erleben, die sich einfach nicht losreißen und gehen können. Manchmal gehen die Eltern nicht gern, wenn das Kind sehr traurig ist. Manchmal gehen die Eltern aber auch so lange nicht, *bis* das Kind schließlich weint. Dann hat das Kind beispielsweise schon ganz zufrieden angefangen zu spielen, aber die Mutter sagt immer wieder: *„Ich gehe jetzt und es dauert ganz lange, bis ich wiederkomme."* Bis das Kind dann hochschaut und anfängt zu weinen. Damit möchte sich die Mutter möglicherweise unbewusst vergewissern, dass das Kind sie liebt und vermissen wird. Das mag albern erscheinen oder frustrierend für Sie sein, aber betrachten Sie es am besten ganz nüchtern. Hier ist ein bekümmerter Elternteil, der Ihr Mitgefühl und Ihre Unterstützung braucht.

- **Zeigen Sie Mitgefühl.** Nehmen Sie die Mutter in den Arm und sagen Sie: *„Ich weiß, es ist wirklich hart, sein Baby hier morgens abzugeben. Aber Sie haben sich lange und gründlich überlegt, wem Sie Ihr Kind anvertrauen, und ich versichere Ihnen, dass wir gut auf ... aufpassen. Ich verstehe, dass es Ihnen trotzdem schwerfällt."*
- **Laden Sie die Eltern ein, vorbeizukommen und mit dem Kind zu spielen, wenn sie Zeit haben.** Wenn die Eltern gleich zur Arbeit fahren müssen, könnten Sie ihnen vorschlagen, am Nachmittag vorbeizukommen, um ein wenig mit dem Baby zu spielen und zu entspannen.
- **Ermuntern Sie die Eltern, ein Verabschiedungsritual zu entwickeln** (siehe S. 35). Es kann Eltern und Kindern gleichermaßen helfen, zum nächsten Teil ihrer täglichen Routine überzugehen.
- **Immer verabschieden!** Manchmal sind die Eltern versucht, sich aus dem Raum zu stehlen, wenn das Kind abgelenkt ist oder gerade entspannt vor sich hin spielt. Raten Sie den Eltern, sich immer von ihrem Kind zu verabschieden, auch wenn das Tränen verursacht. Es zeigt, dass sie Achtung vor dem Kind haben. Wenn sich die Eltern einfach davonschleichen, braucht das Kind viel länger, um der neuen Situation zu trauen.

Übergänge im Tagesverlauf

Das Füttern, Windelnwechseln, Schlafen und Spielen beinhaltet zahlreiche Übergänge und macht einen beträchtlichen Anteil des Tages aus, den ein Baby in der Krippe verbringt. Im Prinzip verbringt das Kind jeden Moment seiner Wachphasen mit Lernprozessen. Es wertet seine Umgebung aus und trainiert neue Fertigkeiten, wie zum Beispiel nach Gegenständen greifen, auf sie zeigen, sie halten und wieder loslassen, sich auf Menschen und Objekte zubewegen und plappern. Sobald das Kind seine Handlungen und Bewegungen einigermaßen bewusst steuern kann, ist das oft sehr schön für alle Beteiligten.

Jeder von uns weiß gern im Voraus Bescheid, wenn Veränderungen anstehen, insbesondere Babys. Sie sollten daher immer, wenn Sie etwas mit dem Kind vorhaben, die Arme nach ihm ausstrecken und ihm sagen, was nun passieren wird. Möchten Sie das Kind zum Beispiel hochheben, um es zu füttern oder seine Windel zu wechseln, sagen Sie Folgendes: *„Nun werde ich dich hochheben und deine Windel wechseln."* Diese Vorgehensweise gibt dem Kind das Gefühl, an den Vorgängen mitzuwirken, statt einfach nur passiv zu bleiben. Es ist wirklich erstaunlich, aber selbst ganz kleine Babys reagieren schon darauf. Sie werden sehen, wie sie sich auf das Hochheben vorbereiten, indem sie sich steif machen und das Köpfchen vorstrecken. Irgendwann streckt das Kind Ihnen dann schon seine Arme entgegen und beteiligt sich aktiv am Geschehen.

Die Essenszeit

Eine Mahlzeit sollte etwas Erfreuliches sein und entspannt eingenommen werden, aber leider ist der Übergang zum Füttern oft von Spannungen überschattet und bewirkt das genaue Gegenteil von dem, was Sie erreichen möchten. Häufig liegt es daran, dass die kleinen Kinder zu ganz ähnlichen Zeiten Hunger bekommen, aber trotzdem einzeln gefüttert werden müssen.

- **Versuchen Sie, die Kinder an unterschiedliche Tagesabläufe zu gewöhnen,** damit sie zu verschiedenen Zeiten Hunger haben.
- **Halten Sie alles bereit.** Vermeiden Sie Situationen, in denen ein Kind auf seinem Stuhl oder im Kinderstuhl am Tisch sitzt und nichts zu tun hat.
- **Arbeiten Sie als Team.** Halten Sie Kinder, die noch die Flasche bekommen, beim Füttern im Arm. Dabei sollte das Kind nach Möglichkeit Ihre volle Aufmerksamkeit haben. Stimmen Sie sich daher so gut es geht mit anderen Mitarbeitern im Raum ab, sodass Sie den Vorgang des Fütterns nicht unterbrechen müssen.
- **Ziehen Sie andere Mitarbeiter hinzu.** Während der Essenszeit greifen viele Kindertagesstätten auf zusätzliche Mitarbeiter oder Kolleginnen aus der Verwaltung zurück, die dann mit in den Raum kommen und Kinder betreuen, die gerade nicht essen.
- **Füttern Sie zwei Kinder gleichzeitig.** Wenn die Kinder schon Babynahrung essen oder Lebensmittel, die sie anfassen können, stellen Sie einfach zwei Kindersitze nah zusammen. So können beide Kinder gleichzeitig essen, sich dabei Zeit lassen und diese neue Erfahrung sowie die Interaktion mit Ihnen und dem anderen Kind genießen.

Was tun, wenn andere Kinder weinen oder nach Ihrer Aufmerksamkeit verlangen?

In der Krippe bekommen Babys häufig die Flasche, während die Erzieherin sie im Arm hält. Sie sitzt dabei in einem Sessel, der in der Nähe oder direkt im Spielbereich steht, und die anderen Kinder schlafen oder spielen währenddessen. Babys, die schon krabbeln können, kommen dann gern auf Sie zu und verlangen nach Ihrer Aufmerksamkeit, wenn Sie gerade ein Kind füttern.

Sie sollten das zur Kenntnis nehmen und mit einem Tätscheln oder Streicheln über den Kopf quittieren. Achten Sie aber darauf, dass Sie Ihre Aufmerksamkeit nicht zu sehr von dem Kind abwenden, das Sie gerade füttern, und sich am Ende mehr auf den Störer konzentrieren.

Sicher haben Sie das auch schon einmal erlebt: Sie suchen im Restaurant den Blickkontakt zur Bedienung und obwohl sie Sie wahrgenommen hat, schaut sie nicht herüber und kommt nicht zu Ihnen. Sie kennen die Frustration, die sich in dieser Situation aufbaut. Würde die Bedienung Sie anschauen und sagen: „Ich komme gleich zu Ihnen!“, wären Sie weniger angespannt und das Warten fiele Ihnen leichter. Genau das Gleiche passiert, wenn Sie mit den wartenden Babys sprechen. Es gefällt ihnen sicher nicht und sie protestieren oder weinen vielleicht weiter, doch es kann schon helfen. Auf jeden Fall wissen sie, dass sie angehört wurden, und fühlen sich respektiert. Am besten halten Sie etwas bereit, womit sich die anderen Kinder beschäftigen können, solange sie warten müssen.

- **Sprechen Sie mit den wartenden Kindern** und sagen Sie ihnen, dass Sie gleich zu ihnen kommen. Denken Sie daran, dass auch ganz kleine Kinder schon verstehen, was Ihr Tonfall bedeutet. Halten Sie Blickkontakt zu dem wartenden Kind und sagen Sie: *„Ja, Max, ich weiß, dass du auch Hunger hast. Jetzt füttere ich gerade Maja, aber sobald ich damit fertig bin, hole ich dich und gebe dir etwas zu essen.“* Selbst, wenn es Ihre Worte noch nicht versteht, weiß das Kind, was Sie meinen.

Übergang zum eigenständigen Essen

Sobald das Kind Gegenstände festhalten und wieder loslassen kann, möchte es lieber selbst sein Fläschchen halten. Nun versucht es auch, nach dem Löffel zu greifen, wenn Sie es füttern wollen. Bis ein Kind lernt, den Löffel in den Mund zu führen, ohne ihn dabei umzudrehen, erfordert das allerdings viel Übung. Stellen Sie sich also auf eine Menge Kleckerei ein.

- **Gewähren Sie dem Kind so viel Unabhängigkeit wie möglich.** Sie können es aber weiterhin im Arm halten, während es sein Fläschchen schon selbst festhält.
- **Lassen Sie das Kind seinen eigenen Löffel festhalten**, während Sie es weiter mit einem anderen Löffel füttern.
- **Lassen Sie das Kind versuchen, selbst mit dem Löffel zu essen**, solange es daran Interesse hat. Dann können Sie aktiv werden und es mit dem Rest der Mahlzeit füttern.

Am Tisch sitzen

Sobald Kinder ohne fremde Hilfe aufrecht sitzen, können sie an einem niedrigen Tisch sitzen. Der Tisch sollte wirklich sehr niedrig sein und den Kindern im Sitzen bis maximal an die Hüften reichen. Außerdem sollten die Stühle so niedrig sein, dass die Kinder ihre Füße vollständig auf den Boden stellen können. Setzen Sie sich mit an den Tisch und spielen Sie den Oberkellner, indem Sie Papierservietten und das Essen reichen. Bleiben Sie bei den Kindern und erzählen Sie ihnen, was sie gerade essen. Gestatten Sie den Kindern, den Tisch zu verlassen, wenn sie es möchten, aber lassen Sie nicht zu, dass sie das Essen mitnehmen. So lernen sie, dass nur am Tisch gegessen wird. Für Kleinkinder ist das eine gute Möglichkeit, kleine Zwischenmahlzeiten oder ein Mittagessen eigenständig einzunehmen.

Aktivität für Übergänge

Das „Kommt zu Tisch"-Lied

Das tun Sie
Singen Sie den Kindern zu der Melodie von „Happy Birthday" folgendes Lied vor:

Liebe Kinder, kommt zu Tisch,
Liebe Kinder, kommt zu Tisch,
es gibt zu essen, liebe Kinder,
liebe Kinder, kommt zu Tisch!

Wenn Sie jeden Tag vor dem Essen immer dasselbe Lied singen, wissen die Kinder schnell, was sie nun tun sollen.

Windelkinder

Regelmäßige Windelkontrollen gehören zur täglichen Routine. Es ist höflich, dem Kind mitzuteilen, dass Sie nun seine Windel kontrollieren werden. Die Erzieherin könnte zum Beispiel sagen, *„Ich werde jetzt mal nachschauen, ob deine Windel noch trocken ist"*, bevor sie es einfach tut. Wenn die Windel gewechselt werden muss, strecken Sie die Arme aus und sagen Sie dem Kind, dass Sie es nun hochheben werden, um seine Windel zu wechseln.

- **Immer am selben Ort.** Wechseln Sie dem Kind die Windeln stets am selben Ort, nämlich an dem dafür vorgesehenen Wickeltisch.
- **Gute Vorbereitung ist alles.** Legen Sie schon im Voraus alles Nötige bereit. *Achtung: Lassen Sie ein Kind niemals unbeaufsichtigt auf dem Wickeltisch liegen.*
- **Keine Hektik.** Betrachten Sie das Windelnwechseln als eine Einzelaktivität mit dem Baby, die in entspannter Atmosphäre stattfinden sollte. Währenddessen können Sie Blickkontakt mit dem Baby halten und ihm ein kleines Lied vorsingen oder einfach mit ihm sprechen und dabei auch die Laute des Babys nachahmen.
- **Und wieder zurück.** Wenn Sie mit allem fertig sind, setzen Sie das Kind wieder dorthin zurück, wo es war, als Sie es hochgehoben haben – es sei denn, es steht gerade ein Übergang zu einer anderen Aktivität an.

Aktivitäten für Übergänge

Händewaschen

Das tun Sie
Nachdem Sie die Windel gewechselt haben, waschen Sie Ihre Hände und die Hände des Babys. Dieses Händewaschen kann Ihr kleines gemeinsames Ritual werden. Wenn Sie die Hände unter das laufende Wasser halten, können Sie zum Beispiel nach dem Refrain von „Es tanzt ein Bi-Ba-Butzemann" folgenden Vers singen:

So waschen wir die Fingerchen
und putzen sie und schrubben sie,
so waschen wir die Fingerchen,
bis sie sauber sind.

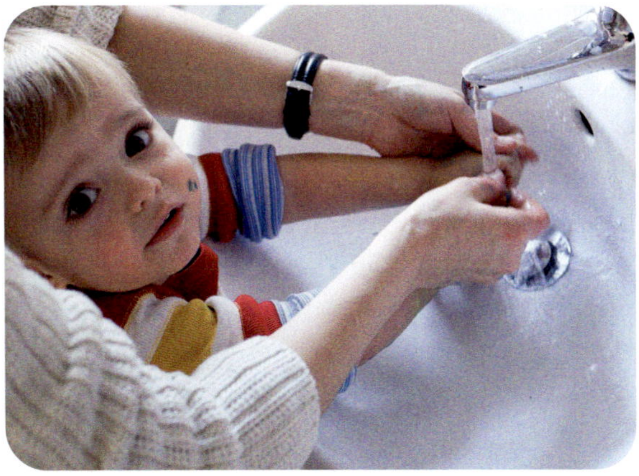

Handmassage

Das brauchen Sie
eine Handlotion

Das tun Sie
Nach dem Händewaschen benutzen Sie die Lotion und massieren dem Baby sanft die Hände und Arme. Diese liebevolle Aktivität fühlt sich zu jeder Tageszeit gut an.

Spielzeit

Für Babys ist der gesamte Bereich, in dem sie interagieren, wenn sie nicht gerade mit Windelnwechseln, Füttern oder Schlafen beschäftigt sind, der Spielbereich. In vielen Krippen macht man sich relativ wenig Gedanken über die Spielzeit, da die Lernprozesse der Babys vorwiegend während der Routinen des Fütterns und Windelnwechselns stattfinden.

Aber auch der Spielbereich und die Spielzeit sind wichtig! Welche Übergänge ergeben sich innerhalb dieses oft vernachlässigten Tagesabschnitts und welche Rolle spielen Sie dabei?

Vorbereitung

Der bedeutendste Teil Ihrer Rolle während der Spielzeit ist die Zeit, bevor das Kind ankommt, nämlich wenn Sie entscheiden, welche Spielsachen und Materialien Sie bereitlegen. Sie kennen alle Kinder wirklich gut, wissen über ihre Interessen Bescheid und kennen die Fertigkeiten, an denen sie gerade arbeiten. Sorgen Sie also dafür, dass die Spielumgebung den Kindern das passende Zubehör zum Trainieren ihrer neuen Fertigkeiten bietet. Kinder fühlen sich intuitiv zu den richtigen Dingen oder Aktivitäten hingezogen, die auf das Erproben ihrer neuen Fertigkeiten abzielen, also sollten unterschiedliche Dinge für verschiedene Interessen dabei sein. Außerdem benutzen Kinder einfache Spielsachen auf ganz unterschiedliche, mehr oder weniger komplexe Weise, daher sind viele Spielsachen sowohl für jüngere als auch für ältere Kinder geeignet.

- **Die Spielsachen sollten immer leicht zugänglich sein.** Bewahren Sie die beliebtesten Spielsachen immer an derselben Stelle auf (zum Beispiel in einem flachen Regal), sodass die Kinder sie selbsttätig finden können.
- **Durchsichtige Boxen.** Bewahren Sie Spielsachen mit vielen Einzelteilen in durchsichtigen Plastikboxen auf, damit die Kinder sehen können, was sich darin befindet.
- **Weniger ist mehr.** Finden Sie ein gutes Maß an Spielsachen, die das Interesse des Kindes wecken. Vermeiden Sie Reizüberflutung durch zu viele Spielangebote, die es ihm unmöglich machen, sich für etwas zu entscheiden und in Ruhe damit zu spielen.
- Konkrete Hinweise zur Gestaltung der Kindertagesstätte finden Sie auf den Seiten 134 bis 140 im Anhang.

Vom Nichtspielen zum Spielen: Der Übergang in den Spielbereich

Sie haben das Kind gerade gefüttert und seine Windeln gewechselt. Nun ist es Zeit, dem Kind im Spielbereich Zeit und Raum zum freien Spielen zu ermöglichen. Für die meisten Babys ist es am besten, wenn sie sich auf einem sauberen Fußboden oder einer Decke, die auf dem Teppich liegt, frei bewegen können. Kinder lernen in der aktiven Auseinandersetzung mit ihrer Umgebung, wie ihr Körper funktioniert und welche Eigenschaften verschiedene Gegenstände haben. Es ist wichtig, dass sie sich frei bewegen und sich ausgiebig mit Gegenständen beschäftigen können.

- **Geben Sie dem Kind eine „Startposition".** Wenn Sie über einen schönen großen Spielbereich verfügen, empfiehlt es sich, das Kind immer an derselben Stelle abzusetzen. So hat es immer den gleichen Ausgangspunkt und erlebt ein weiteres Stück Beständigkeit, die ihm ein Gefühl von Sicherheit und Unabhängigkeit gibt.
- **Machen Sie den Handlanger.** Solange sich das Baby noch nicht von A nach B bewegen bzw. durch den Raum krabbeln kann, bringen Sie ihm passendes Spielzeug und legen Sie es in Reichweite.
- **Legen Sie Babys, die noch nicht krabbeln können, nebeneinander.** Wenn sie auf einer Decke am Boden beieinanderliegen, können die Babys einander anschauen und die Nähe genießen.
- **Schränken Sie den Bewegungsdrang nicht ein.** Lassen Sie zu, dass die Kinder Dinge ansteuern, die sie interessieren.

- **Helfen Sie ein bisschen nach**. Wenn Sie hin und wieder ein Kind dazu bewegen möchten, dass es ein neues Spielzeug oder eine Aktivität ausprobiert, setzten Sie sich einfach hin und spielen selbst damit. Damit wecken Sie meist großes Interesse für dieses Spielzeug. Wenn das Kind dann mitmacht, können Sie entweder mit dem Kind zusammen oder parallel zu ihm spielen oder Sie ziehen sich zurück und beobachten.
- **Schaffen Sie ein soziales Umfeld**. Setzen Sie sich mit dem jüngsten Kind auf dem Schoß zu einer Gruppe spielender Kinder, damit das Baby sieht, wie die anderen Kinder spielen, und die Situation in der Gemeinschaft genießen kann.

Übergänge von einem Spielzeug zum nächsten oder von einer Aktivität zur anderen

Babys wechseln oft nahtlos von einem Spielzeug zum anderen oder gehen abrupt zu einer neuen Aktivität über. Ist ein Kind intensiv mit einer selbst gewählten Aktivität beschäftigt, kann es vorkommen, dass es erstaunlich lange aufmerksam bei der Sache bleibt. Das zeigt, dass sich selbst kleine Kinder schon über längere Zeit hinweg konzentrieren können. Sind sie jedoch in Entdeckerlaune, steuern sie recht engagiert jedes Spielobjekt in Sichtweite an, das ihr Interesse weckt. Lassen Sie das Kind grundsätzlich selbst das Tempo bestimmen und mit etwas anderem spielen, wann immer es möchte. So entstehen wahrscheinlich viele kleine Übergänge innerhalb einer einzigen Spielphase. Ihre Aufgabe besteht darin, dem Kind ausreichend viele interessante Dinge zugänglich zu machen, aber nicht so viele, dass seine Umgebung unübersichtlich wird und das Kind überfordert.

Der Übergang vom Alleinespielen zum Spielen mit anderen

Babys spielen häufig „alleine", da sie sich mehr auf das Spielobjekt konzentrieren als auf andere Kinder. Das heißt aber nicht, dass sie an den anderen Kindern kein Interesse haben. Sie interessieren sich sehr dafür, was andere Kinder tun, und wenden sich diesen gern zu. Mit einfühlsamer Hilfestellung durch einen Erwachsenen lernen sogar schon Babys, wie man angemessen miteinander interagiert und spielt.

Zuschauen erlaubt. Oft schauen Babys zunächst einmal den anderen Kindern beim Spielen zu. Lassen Sie das zu, wenn es das ist, was sie tun möchten. Dazu platzieren Sie die kleinen Kinder am besten so, dass sie einander gut sehen können.

Nachmachen erwünscht. Ältere Babys und Kleinkinder imitieren einander gern. Helfen Sie ihnen dabei, zum Beispiel mit einem Klatschspiel oder dadurch, dass Sie eine Bewegung nachmachen, die Sie bei einem Kind beobachten, und dann schauen, ob andere Kinder es Ihnen gleichtun.

Spielen Sie einfache interaktive Spiele. Rollen Sie zum Beispiel einen Ball hin und her oder spielen Sie „Guck-guck-da" (Gesicht hinter einem Tuch verstecken und wieder hervorschauen) mit mehreren Kindern.

Die Rolle des Erwachsenen

Sobald mehr als ein Kind im Spielbereich ist, sollte unbedingt eine Erzieherin mit dabei sein. Was tun Sie, wenn Sie dort sind?

- Bleiben Sie immer in der Nähe der Kinder, damit Sie einschreiten können, wenn es so aussieht, als könne ein Kind ein anderes verletzen.
- Zeigen Sie dem Kind, wie man andere Kinder vorsichtig anfasst.
- Achten Sie stets auf mögliche Gefahren. Ein Kind könnte beispielsweise versuchen, einen Gegenstand zu sich heranzuziehen, der auf es stürzen könnte.
- Begleiten Sie Aktivitäten und Handlungen der Kinder sprachlich, damit das Kind seinen Wortschatz erweitern kann und Sprachkompetenz erlangt.
- Sie können auch einmal schweigen und beobachten, was sich das Kind selbst auswählt.
- Spielen Sie mit einem Spielzeug, um das Interesse des Kindes dafür zu wecken.
- Sorgen Sie für einen Tempowechsel, indem Sie mit den Kindern interagieren, während sie spielen – sei es durch das Hin- und Herrollen eines Balles, „Guck-guck-da"-Spielen oder Ähnliches. Trotzdem sollten die Kinder selbst wählen dürfen, was sie tun möchten.

Aufräumen

Babys sind noch zu klein, um nach dem Spielen aufzuräumen oder ein Spielzeug wieder wegzupacken, bevor sie mit einem anderen spielen. Trotzdem wollen die Kinder manchmal beim Aufräumen nach der Spielzeit „helfen". Fördern Sie dieses Verhalten, sobald sie daran Interesse zeigen.

Lassen Sie sich Gegenstände reichen. Lassen Sie sich von älteren Kindern Gegenstände reichen, die weggepackt werden sollen.

Halten Sie Ordnung. Mit beschrifteten Behältern und festen Plätzen für die unterschiedlichen Spielsachen halten Sie im Spielbereich leicht Ordnung.

Sammeln Sie das Spielzeug ein. Lassen Sie die Kinder dabei helfen, alle Spielsachen in einen großen Wäschekorb zu legen, bevor Sie alles ins Regal zurücklegen.

Ständiges Aufräumen. Räumen Sie Spielzeug und Gegenstände wieder weg, wenn die Kinder nicht mehr damit spielen, wischen Sie Flecken auf. Sorgen Sie auf diese Weise den ganzen Tag über immer wieder für Ordnung, anstatt nur zu einer bestimmten Zeit aufzuräumen.

Das Unterbrechen und das Ende der Spielzeit

Normalerweise ist es kein Problem, wenn Sie ein Baby beim Spielen unterbrechen, um seine Windel zu wechseln, es zu füttern oder um mit ihm nach draußen zu gehen. Kleinkinder sind für ihren eigenen Willen berüchtigt, bei Babys ist dieses trotzige Verhalten noch nicht entwickelt. Sagen Sie dem Kind, wie üblich, was Sie als Nächstes tun werden und strecken Sie Ihre Arme aus, wenn Sie möchten, dass das Kind zu Ihnen kommt, oder wenn Sie es hochheben wollen. Wenn das Kind gerade ganz intensiv mit etwas spielt, versuchen Sie, die Unterbrechung zu verschieben, bis es damit fertig ist.

Abschließend ist zum Thema „Spielzeit" noch anzumerken, dass Sie jedem Kind ausreichend Gelegenheit zum Spielen geben sollten. In viel zu vielen Kindertagesstätten werden Kinder einfach in die Wippe, den Kindersitz oder in den Hochstuhl gesetzt bzw. unter Spieltrapeze/Spielcenter gelegt, die das Kind in seiner Bewegungsfreiheit einschränken und es davon abhalten, seine Umgebung aktiv zu erforschen. Das Gehirn des Kindes ist in dieser Zeit weitaus weniger aktiv als in der aktiven Auseinandersetzung mit seiner Umgebung. Schon ganz kleine Babys brauchen Bewegung und müssen ihre Muskeln trainieren. Schaffen Sie eine sichere Umgebung und sorgen Sie für gute Beaufsichtigung, dann kommen Sie in Ihrem Spielbereich ohne solche beeinträchtigenden Vorrichtungen aus.

Beispiele für entwicklungsspezifische Übergänge

Vom liegenden Baby zum Krabbelkind

Ein aufregender entwicklungsspezifischer Übergang im ersten Lebensjahr findet nach circa sechs Monaten statt. Das Kind bleibt nicht mehr dort, wo Sie es hinlegen, sondern bewegt sich überallhin. Dabei entwickeln Babys die unterschiedlichsten Fortbewegungsstile. Während sich die einen von A nach B rollen, robben andere auf dem Bauch durch die Gegend. Oft entsteht der Drang, sich durch den Raum zu bewegen, wenn das Kind gelernt hat, ohne Hilfe aufrecht zu sitzen. Nun sieht es Dinge am anderen Ende des Raumes und möchte dorthin.

Die meisten Babys ziehen sich zunächst bäuchlings voran, heben dann allmählich den Unterleib an und werden dabei sicherer und schneller, bis sie schließlich richtig krabbeln können. Einige Babys rollen überallhin. Es gibt auch Babys, die gar nicht erst krabbeln. Sie ziehen sich schon direkt nach dem Robben hoch, können dann irgendwann stehen und schließlich laufen, während sie sich irgendwo festhalten.

- **Geben Sie Kindern reichlich Gelegenheit, sich in einer sicheren Umgebung frei zu bewegen.**
- **Schützen Sie die anderen Kinder**, insbesondere diejenigen, die sich noch nicht fortbewegen können.

- **Beaufsichtigen Sie die Kinder gründlich.** Bleiben Sie stets in der Nähe, damit Sie bei Bedarf sofort eingreifen können.
- **„Bestrafen" Sie nicht Kinder, die sich noch nicht fortbewegen können,** indem Sie diese in Schaukeln, Wippen, Kindersitze oder andere Vorrichtungen setzen, in denen sie sich nicht bewegen können.
- **Unterteilen Sie den Raum.** Überlegen Sie, wie Sie Teile des Spielbereichs mit dicken Polsterrollen, Keilkissen oder niedrigen Laufgittern abteilen können.

Von der Bauchlage zum Sitzen

Die Fähigkeit zu sitzen, kann Babys nicht beigebracht werden, sie lernen es am besten alleine. Manche Eltern oder Erwachsene stützen Babys mit Kissen ab oder setzen sie in spezielle Ringe, um ihnen das Sitzen beizubringen. In Wirklichkeit fördern solche Hilfsmittel den Lernprozess aber nicht, im Gegenteil, sie behindern ihn.

Ein Kind lernt, sich aufzusetzen, indem es seine Rumpfmuskulatur einsetzt, sich streckt, nach vorn bewegt und das Gleichgewicht hält. Meistens passiert das eher zufällig. Das Kind liegt zuerst vielleicht noch auf dem Bauch und richtet sich dann auf einen Ellbogen gestützt auf, während es mit dem anderen Arm nach etwas greift. Wenn es den Gegenstand erreicht, drückt es seinen Ellbogen durch, seine Beine passen sich der Haltung an und schon sitzt das Kind abgestützt aufrecht und hält zu seinem großen Erstaunen das Gleichgewicht. Im nächsten Moment fällt es schon wieder um! Das Kind versucht es immer wieder, es ist hoch motiviert, sich im Sitzen halten zu können. Halten Sie sich vor Augen, dass ein Kind das Sitzen nur lernen kann, wenn seine Muskulatur schon entsprechend entwickelt ist. Das Kind zu stützen, ist dabei nicht förderlich.

- **Lassen Sie das Kind selbst sein Gleichgewicht finden.** Unternehmen Sie einfach gar nichts, um dem Kind beim Sitzenlernen zu helfen.
- **Locken Sie mit Objekten.** Platzieren Sie interessante Dinge in der Nähe des Kindes auf dem Boden, knapp außerhalb seiner Reichweite.
- **Loben Sie Fortschritte.** Geben Sie anerkennende Kommentare ab, wenn das Kind sein Ziel erreicht hat: *„Prima! Schau mal, Mia, nun kannst du sitzen."*

Vom Kriechen zum Krabbeln

Die meisten Babys bewegen sich zunächst fort, indem sie auf dem Bauch vorwärtsrobben. Irgendwann entwickeln sie ihre Technik dann weiter, sie drücken die Arme durch und beugen die Knie, sodass sie schließlich den Bauch anheben. Es bereitet viel Freude, diese Entwicklung mit anzusehen. Am Anfang richtet sich das Kind oft nur für einen kurzen Moment auf und ist über diesen Fortschritt äußerst erstaunt. Sie können dann beobachten, wie das Kind tagelang mit dieser neuen Haltung herumexperimentiert – hoch, wieder runter, hoch und wieder runter. Dann schaukelt das Kind auf allen Vieren hin und her. Manchmal findet es dabei nicht die Vorwärtsbewegung, sondern bewegt sich nach hinten, wenn es sich zu einem Objekt hinbewegen möchte. Das kann frustriertes Weinen zur Folge haben. Irgendwann findet das Kind letztlich heraus, wie es funktioniert, und schon kann es auf Krabbeltour gehen. Einige Kinder können erstaunlich schnell krabbeln.

Auch hier gilt wieder: Sie können es dem Kind nicht beibringen. Geben Sie ihm einfach jede Menge Zeit auf dem Boden, um das Krabbeln selbst zu lernen.

Vom Hochziehen in den Stand zum Laufen

Geben Sie dem Kind Gelegenheit zum Üben. Widerstehen Sie der Versuchung, es an die Hand zu nehmen und es herumzuführen, denn so kann es nicht richtig trainieren. Das Kind muss sein Gleichgewicht finden.

- **Stellen Sie sichere Hilfen bereit.** Sorgen Sie dafür, dass es eine Menge robuste Hilfen für das Kind gibt, an denen es sich in den Stand hochziehen kann, wie zum Beispiel Möbelstücke, große Holz- oder Kunststoffwürfel oder Stangen, die an der Wand befestigt sind.
- **Lassen Sie das Kind barfuß laufen.** So kann es seine Zehen besser zum Ausbalancieren nutzen und mehr sensorische Signale aufnehmen.

Nach draußen gehen

Verbringen Sie mit den Babys jeden Tag auch etwas Zeit im Freien, außer bei besonders schlechtem Wetter. Ein Tempo- und Tapetenwechsel tut den Kindern und Ihnen gut. Die Umgebung im Außenbereich stimuliert die Sinne stärker als der Innenbereich, weil das Kind dabei auch die Natur erlebt – Sonnenschein, Wind, Gerüche, Licht und Schatten usw. Wie lange Sie draußen bleiben, hängt ganz vom Wetter und Ihren Verpflichtungen im weiteren Tagesablauf ab.

Der Übergang vom Innenbereich nach draußen kann problematisch sein. Es gibt eine Menge zu tun. Sie müssen dafür sorgen, dass alle Kinder saubere Windeln haben, bevor Sie hinausgehen. Dann müssen Sie ihnen die Jacken und Mützen anziehen. An sonnigen Tagen sind Schirmmützen ratsam.

- **Teamwork kann den Übergang nach draußen erheblich leichter machen.** In der Krippe haben Sie normalerweise immer mindestens ein Kind, das gerade schläft. Eine Mitarbeiterin muss daher auf jeden Fall drinnen bleiben. Lassen Sie ein paar Kinder im Innenbereich, während ein oder zwei Mitarbeiterinnen mit den anderen nach draußen gehen. Es ist keine gute Idee, zu warten, bis alle fertig sind und dann gemeinsam hinauszugehen. Es ist auch nicht ratsam, bereits fertig angezogene Babys drinnen warten zu lassen. Stattdessen kann eine Mitarbeiterin mit zwei, drei Kindern nach draußen gehen und die anderen Mitarbeiterinnen stoßen dazu, wenn sie fertig sind.
- **Benutzen Sie Trageschalen.** Bringen Sie kleine Babys im Kinderwagen, Schalensitz, in Babytragen oder Tragetüchern nach draußen.
- **Breiten Sie eine saubere Decke aus.** Breiten Sie die Decke im Schatten aus und lassen Sie die Babys darauf liegen, die noch nicht krabbeln können. Die Decke ist ein guter Aussichtspunkt, von dem aus sie die Muster und Bewegungen in der Natur beobachten können.
- **Sorgen Sie für Naturerlebnisse.** Schauen Sie nach natürlichen Objekten, die kleine Kinder ohne Risiko erkunden können, wie zum Beispiel große glatte Steine oder Holzstücke, an denen sie sich nicht verletzen können. **Sicherheitshinweis:** Beaufsichtigen Sie die Kinder sehr gründlich und passen Sie auf, dass sie die Dinge nicht in den Mund stecken.
- **Bereiten Sie sich vor.** Packen Sie alles, was Sie draußen gebrauchen könnten, in eine Einkaufstasche, zum Beispiel Taschentücher, eine Plastiktüte für gebrauchte Taschentücher, feuchte

Tücher, kleine Pappbecher, Trinkflaschen mit Wasser, einen zusätzlichen Hut in Kindergröße usw. Hängen Sie diese Tasche neben die Tür zum Außenbereich, um sie auf dem Weg nach draußen nur noch mitnehmen zu müssen.

- **Inspizieren Sie den Spielbereich und beseitigen Sie mögliche Gefahren**, wie zum Beispiel Abfall, der in den Hof geweht wurde.
- **Planen Sie vorausschauend.** Entscheiden Sie schon vorher, welches Spielzeug Sie für die Kinder mit nach draußen nehmen möchten.

Aktivität für Übergänge

Das „Wir geh'n nach draußen"-Lied

Singen Sie den Kindern folgendes Lied nach dem Refrain von „Es klappert die Mühle am rauschenden Bach" vor, damit sie wissen, dass es bald nach draußen geht:

Nun wollen wir rausgeh'n und haben viel Spaß,
viel Spaß, viel Spaß, viel Spaß.
Nun wollen wir gerne zum Spielen rausgeh'n,
rausgeh'n, rausgeh'n, rausgeh'n.

Sie können dieses Lied rhythmisch wiederholen, während Sie die Kinder für die Aktivitäten im Außenbereich sammeln. Wenn Sie draußen sind, können Sie das Lied abwandeln, sodass es zu den Tätigkeiten der Kinder passt, zum Beispiel folgendermaßen:

Die Mia, die steigt eine Treppe hinauf,
hinauf, hinauf, hinauf.
Die Mia, die schaut uns von oben jetzt zu,
von oben, von oben, von oben.

Spazierfahrten

Es gibt bereits viele Kinderwagen oder Sportkinderwagen im Angebot, mit denen mehrere Kinder leicht spazieren gefahren werden können. Meistens lieben Kinder solche Ausfahrten durch die Nachbarschaft und auf diese Weise kommen schon die Kleinsten nach draußen. Solche Wagen sind besonders praktisch, wenn der Boden nass ist. Die Hauptsache ist, dass die Kinder bei Ihnen nicht *nur* oder hauptsächlich auf diesem Wege an die frische Luft kommen. Wenn das ihre einzige Möglichkeit ist, einmal nach draußen zu kommen, dann ist das so, als betrachte man die Natur vom Rücksitz eines Autos aus. Kinder brauchen im Außenbereich aktiven Kontakt mit ihrer Umgebung, das heißt, sie müssen sich selbst Aktivitäten auswählen und auf ganz unterschiedliche Weise spielen können.

Zurück nach drinnen

Nach Möglichkeit sollte die Rückkehr in die Einrichtung nicht mit allen Kindern auf einmal erfolgen. Sie haben dann die nötige Zeit, den Kindern die Jacken und Schuhe auszuziehen und sie wieder im Spielbereich unterzubringen. Ein paar Minuten später kann die Erzieherin, die als Erste hineingegangen ist, ihren Kolleginnen und den Kindern helfen, die als Nächstes kommen.

Auch diesen Übergang können Sie den Kindern leichter machen, indem Sie Ihr Liedchen der Situation anpassen:

Nun gehen wir wieder ins Häuschen zurück,
zurück, zurück, zurück.
Das Essen, das wartet schon lange auf uns,
auf uns, auf uns, auf uns.

„Das Essen" kann durch die Aktion ersetzt werden, die als Nächstes geplant ist. Waschen Sie den Kindern nach der Rückkehr in die Kindertagesstätte die Hände und das Gesicht.

Schlafenszeit

Babys oder sehr junge Kleinkinder machen mindestens zwei Schläfchen am Tag. Einige Kinder entwickeln sehr regelmäßige Schlafgewohnheiten, bei anderen gibt es diese festen Zeiten nicht. Im ersten Lebensjahr ändern sich sowohl die Zeitpunkte als auch die Länge der Schlafzeiten mit der Entwicklung des Kindes. Das bedeutet, Sie müssen stets auf Anzeichen von Müdigkeit achten und den Kindern Schlaf gewähren, wenn sie Ruhe brauchen.

Drosseln Sie das Tempo

Reduzieren Sie die körperlichen Aktivitäten und Anreize, wenn die Zeit für ein Nickerchen näherrückt. Sollte das Kind für gewöhnlich nach dem Füttern schlafen, sprechen Sie bereits während des Wickelns und des Zurechtmachens fürs Bettchen sanft mit ihm und singen Sie währenddessen ein beruhigendes Lied. Sie können entweder das Lied „Schlaf, Kindlein, schlaf" singen oder auf dessen Melodie folgenden Vers:

Wir wollen schlafen geh'n,
ins Bettchen liegen schön,
da ist es warm und kuschelig,
ein Schläfchen, das wär jetzt sehr nett.
Wir wollen schlafen geh'n.

Auch ruhige klassische Hintergrundmusik entspannt die Kinder, wenn sie zum Schlafen fertiggemacht werden.

Der Übergang vom Wachsein zum Schlafen

Einige Kinder schlafen sofort ein, wenn sie in ihr Bettchen gelegt werden. Andere machen allerlei Aufstand, weinen oder spielen, bevor sie einschlafen. In solchen Momenten kann ein feststehender Ablauf sehr hilfreich sein. Das Kind schläft besser ein, wenn es nicht durch neue Gegenstände oder Routinen abgelenkt wird.

- **Arbeiten Sie mit den zuständigen Erzieherinnen.** Es hilft dem Kind, wenn es jeden Tag von derselben Erzieherin schlafen gelegt wird (siehe auch S. 20 f. zum Thema „Erzieherinnen als Hauptbezugspersonen").
- **Lassen Sie sich Tipps geben.** Fragen Sie die Eltern, wie das Kind zu Hause am besten einschläft.
- **Massieren Sie das Kind.** Sie könnten z. B. den Kopf oder Rücken des Kindes streicheln und dabei sanft summen oder ein Schlaflied singen.
- **Werden Sie zum Langweiler.** Lebhafte Mimik oder Sprache fördern das Einschlafen nicht.
- **Teilen Sie den Schlafraum ab.** Der Schlafbereich sollte separat vom Rest der Umgebung gelegen sein, weit weg von Lärm und regem Treiben.
- **Dunkeln Sie den Raum ab.** Schaffen Sie eine entspannte Atmosphäre bei gedämpftem Licht.
- **Das eigene Bett.** Jedes Kind sollte sein eigenes Bettchen haben, auf dem auch sein Name steht.
- **Sorgen Sie für feste Schlafplätze.** Das Bettchen des Kindes sollte immer am selben Platz im Schlafraum stehen, damit es jeden Tag die gleichen Dinge sieht und hört.
- **Vermeiden Sie Anreize.** Es ist ratsam, weder Mobiles am Kinderbettchen anzubringen, noch Spielzeug hineinzulegen. Diese Dinge sollen Babys beschäftigen, wenn sie wach in ihrem Bettchen liegen. In der Krippe sollten Kinder aber nur dann im Bettchen liegen, wenn sie schlafen oder gerade einschlafen.
- **Lassen Sie Dinge zu, mit denen sich das Kind sicher fühlt.** Manche Kinder profitieren davon, wenn sie beim Einschlafen ein spezielles Schmusetier oder eine Decke von zu Hause bei sich haben.
- **Singen Sie das Kind in den Schlaf.** Singen Sie ein sanftes Schlaflied, wenn Sie das Kind ins Bett legen.

Aktivität für Übergänge

Schlaflied

Singen Sie dem Kind das Lied „Guten Abend, gute Nacht" oder den folgenden Vers nach dessen Melodie vor:

Komm zur Ruh, mein liebes Kind,
liebes Kind, komm zur Ruh.
Schlafe jetzt, mein liebes Kind,
mach die Äuglein schnell zu.

Aufwachen und Rückkehr in den Spielbereich

Die Erzieherinnen sollten den Schlafraum beaufsichtigen, damit sie zur Stelle sind, wenn die Kinder aufwachen. Kinder sollten nicht unnötig lange in ihren Bettchen liegen. Wenn sie ausgeschlafen haben, sollten sie gleich wieder aufstehen und spielen. Im Bett könnten Unfälle passieren und außerdem ist es reine Zeitverschwendung. Ein Kind könnte versuchen, hinauszuklettern, dabei fallen oder sich einklemmen. Im Spielbereich ist es viel besser aufgehoben.

- **Das Kind bestimmt das Tempo.** Einige Kinder kommen schnell wieder zu sich und wollen etwas Neues tun, andere brauchen etwas länger.
- **Wenn mehrere Kinder gleichzeitig aufwachen, sollten einige noch in ihren Bettchen bleiben dürfen,** zumindest für die kurze Zeit, in der Sie einem anderen Kind die Windel wechseln.
- **Sorgen Sie für einen sanften Übergang in den Wachzustand.** Es kann ein ziemlicher Schock sein, direkt wieder in den lauten, geschäftigen Spielbereich der Krippe gesteckt zu werden.
- **Begrüßen Sie das Kind mit einem Lächeln.** Strecken Sie die Arme aus, um das Kind hochzuheben und sagen Sie etwas wie: *„Hallo, du bist ja wach, Max. Ich hebe dich jetzt hoch, dann kannst du deine Freunde sehen."* Umarmen Sie das Kind und lassen Sie es sich ein bisschen anschmiegen, wenn es das braucht.
- **Keine Eile!** Babys brauchen nach dem Aufwachen eine neue Windel. Sorgen Sie dabei für eine entspannte Atmosphäre und interagieren Sie mit dem Kind.
- **Lassen Sie das Kind in seinem eigenen Rhythmus in den Spielbereich zurückkehren.** Setzen Sie sich nach Möglichkeit mit dem Kind auf dem Schoß auf den Boden im Spielbereich und lassen Sie es loskrabbeln, wenn es das möchte.

Aktivität für Übergänge

Puppen schlafen legen

Das brauchen Sie
Puppenbett, Puppe, Puppendecke (zum Beispiel ein Geschirrhandtuch)

Das tun Sie
Im Kleinkindalter spielen Kinder gern kleine Szenen nach. Eine Puppe ins Bett zu bringen zählt zu den ersten Szenarien, die sie spielerisch bewältigen. Spielen Sie mit und helfen Sie dem Kind dabei. *„Oh, schau mal, Püppi ist ganz müde. Sie möchte schlafen. Kannst du sie ins Bettchen legen und ihr ein Schlaflied vorsingen?"* Diese Art von Spiel vermittelt dem Kind, dass es Situationen meistern kann, die es selbst schon oft erlebt hat.

Abholzeit

Der späte Nachmittag in der Kindertagesstätte ist mitunter eine sehr anstrengende Zeit. Die Kinder können müde und gereizt sein, ihre Eltern ebenfalls. Im Spielbereich herrscht dann auch schon mal Unordnung. Gerade zu dieser Zeit sollten Sie sich von Ihrer besten Seite zeigen. Um diesen letzten Übergang im Tagesverlauf besser zu bewältigen, sollten Sie eine ruhige Atmosphäre schaffen. Das Ende des Tages wird dadurch angenehmer und einladender.

- **Räumen Sie auf.** Bringen Sie Ihren Gruppenraum am späten Nachmittag kurz auf Vordermann. Packen Sie jedoch nicht gleich alle Spielsachen weg oder verbieten Sie den Kindern zu spielen. Der Spielbereich könnte sonst steril und öde wirken, was für die Kinder auch nicht gut wäre.
- **Bieten Sie etwas Neues an.** Legen Sie den Kindern ein paar Spielsachen hin, die sie an diesem Tag noch nicht gesehen haben, um ihr Interesse aufrechtzuerhalten.
- **Es werde Licht.** Öffnen Sie die Vorhänge oder Jalousien und lassen Sie das Licht herein.
- **Zeigen Sie, was Sie gemacht haben.** Hängen Sie ein paar neue Bilder am Elternbrett auf, die Sie mit der Digital- oder Sofortbildkamera gemacht haben, und zeigen Sie auf diese Weise, was die Kinder den Tag über gemacht haben.
- **Machen Sie die Kinder zur Abholung fertig.** Waschen Sie den Kindern am späten Nachmittag Gesicht und Hände, ziehen Sie ihnen gegebenenfalls frische Kleidung an, bürsten Sie ihr Haar und bereiten Sie die Kinder darauf vor, ihre Eltern zu begrüßen.
- **Suchen Sie alles zusammen und legen Sie es ordentlich hin.** Eltern schätzen es, wenn die Sachen ihres Kindes schon alle griffbereit an einem Platz liegen. Legen Sie auch Ihre täglichen Notizen für die Eltern dazu sowie Einkaufslisten oder Erinnerungszettel.
- **Bieten Sie einen Saft an.** Ein Grund, warum Kinder am späten Nachmittag nörgelig sein können, ist Flüssigkeitsmangel.
- **Schaffen Sie eine angenehme Atmosphäre.** Sanfte klassische Musik ist immer angenehm.

Begrüßung und Kommunikation mit den Eltern

Begrüßen Sie die Eltern mit Namen und lächeln Sie freundlich. Erzählen Sie, wie es dem Kind den Tag über ergangen ist. Da die Mitarbeiterin der Spätschicht meist nicht dieselbe Person ist, mit der die Eltern am Morgen gesprochen haben, sollten Sie auf jeden Fall die Notizen Ihrer Kollegin zur Hand haben.

Aktivität für Übergänge

Weisen Sie auf die Wiedersehensfreude hin

Das tun Sie
Helfen Sie den Eltern dabei, den freudigen Gesichtsausdruck ihres Kindes beim Wiedersehen zu würdigen. *„Na, hier freut sich aber jemand richtig, Sie wiederzusehen. Schauen Sie mal, wie ihre/seine Augen leuchten!"* Das ist eine gute Methode, den Eltern zu versichern, dass Sie nicht ihren Platz einnehmen.

Sammeln Sie Fotos von glücklichen Wiedersehensszenen für Ihr Elternbrett oder Ihr Fotoalbum. Solche Fotos sind eine große Hilfe, wenn Sie mit den Eltern über das Abschiednehmen und Wiedersehen sprechen.

Was tun, wenn das Kind beim Abholen weint?

In einer Werbebroschüre für eine Kindertagesstätte wurde eine Erzieherin wie folgt zitiert: „Ich weiß, dass die Kinder mich lieben, denn manchmal weinen sie und wollen gar nicht mit ihren Eltern nach Hause." Eines steht fest: So etwas möchten Eltern sicher nicht hören! Und es stimmt auch nicht unbedingt. Die größte Sorge vieler Eltern ist, dass ihr Kind vergessen könnte, wer seine Eltern sind, und dass es die Erzieherin mehr liebt. Es ist äußerst wichtig, eine Konkurrenzsituation mit den Eltern zu vermeiden.

Kleine Kinder weinen manchmal, um die Anspannung zu lösen, wenn sie ihre Eltern am Ende des Tages sehen. Versichern Sie den Eltern, dass diese Art von Weinen bei kleinen Kindern ganz normal ist. Sie können den Eltern auch erzählen, dass dieses Weinen beim Wiedersehen gewöhnlich auftritt, wenn Kinder noch recht neu in der Kindertagesstätte sind.

Wenn sich die Tagesroutine des Kindes verändert

Mit dem Wachstum und der Entwicklung eines Babys verändert sich der Rhythmus seiner Schlaf- und Wachphasen. Nach und nach macht es statt mehrerer Nickerchen am Tag nur noch einen Mittagsschlaf. Die Art und Weise, wie es isst, seine Essgewohnheiten und seine Nahrung ändern sich. Babys können sehr nörgelig sein, wenn sie zahnen oder gerade eine neue Fertigkeit wie zum Beispiel Sitzen oder Laufen lernen. Anstatt die Kinder in dieser Phase in die Tagesroutine der Krippe zu pressen, versuchen empathische Erzieherinnen, ihre Routinen auf die Bedürfnisse des Kindes abzustimmen.

Besprechen Sie jede Veränderung in der Routine des Kindes mit den Eltern. Tauschen Sie sich darüber aus, was Sie zu Hause und in der Krippe beobachten. Viele Kindertagesstätten arbeiten mit Formularen, die diesen Prozess vereinfachen. Vergessen Sie dabei aber nicht die zwischenmenschliche Komponente und tauschen Sie sich von Angesicht zu Angesicht aus. Ihr Ziel ist es, sich von den Vorgaben des Kindes leiten zu lassen. Unterstützen Sie die Eltern darin, die Fortschritte ihres Kindes zu erkennen und mit Stolz zu würdigen. Eine Erzieherin im Krippenbereich muss viel Energie und Flexibilität mitbringen – sowohl körperliche als auch mentale. Kein einziger Tag wird für Sie wie der andere sein. Sie müssen immer auf dem Sprung sein und Ihre Handlungen jederzeit den Bedürfnissen der Kinder anpassen können. Das mag Sie mitunter überfordern, aber denken Sie stets daran, dass Ihre Bemühungen für die Kinder und ihre Eltern von größter Bedeutung sind.

Kapitel 4
Tägliche Übergänge von Kleinkindern

Kleinkinder sind wundervoll. Sie sind „personifizierte Übergänge", denn sie durchlaufen in ihrer Entwicklung ständig Übergänge: vom hilflosen, abhängigen Baby zum unabhängigen, kompetenten Kindergartenkind, vom Nichtsprechen zum Sprechen, vom Windelkind zum selbstständigen Toilettengänger, vom eigenbrötlerischen Forscher zum sozialen Wesen. Die Dynamik dieser Veränderungen macht Kinder dieser Altersgruppe sehr faszinierend. Lesen Sie Kapitel 2, Seiten 22 bis 25, um mehr zum Übergang vom Krippenkind zum Kleinkind zu erfahren.

Zu den Markenzeichen des Kleinkindalters zählt das Trotzverhalten bzw. der Widerstand gegen etwas, das der andere gern möchte. Das kann die täglichen Übergänge mit Kleinkindern etwas problematischer gestalten, als es mit jüngeren oder älteren Kindern der Fall ist. Kleinkinder leisten manchmal fast zwanghaft Widerstand. Damit loten diese kleinen Menschen ihre Grenzen aus und testen, worüber sie in ihrem ständigen Bestreben nach mehr Unabhängigkeit die Kontrolle haben. Um die Sache noch ein bisschen interessanter zu machen, sind sie manchmal verwirrt oder mit der eigenen Macht überfordert. Dann verfallen sie in das anhängliche, abhängige Verhalten aus früheren Zeiten, das sich irgendwie sicherer anfühlte.

Erzieherinnen können eine Menge dazu beitragen, dass die täglichen Übergänge für Kleinkinder reibungslos ablaufen. Der Trick besteht darin, dem Kleinkind ein Gefühl von Kompetenz zu vermitteln, so als bewege es sich aus eigenem Antrieb durch den Tag. Dabei kommt es Ihnen sehr entgegen, dass Kleinkinder im Allgemeinen gern tun, was alle anderen tun. Geben Sie dem Kind also bei allem, was es tun soll, das Gefühl, es sei seine Idee, und machen Sie ihm viele passende und interessante Angebote. Sorgen Sie für einen vorhersehbaren Tagesablauf, damit die Kinder das Gefühl haben, sie wissen, was als Nächstes passiert. Wenn Sie sich den starken Drang nach Unabhängigkeit zunutze machen, anstatt dagegen anzugehen, können Sie viel eher auf engagierte Kooperation bauen.

Morgendliche Trennung

Das Verhalten bei der morgendlichen Trennung von den Eltern ist von Kind zu Kind sehr unterschiedlich. Kleinkinder sind schon recht gesellig und freuen sich darauf, mit ihren Freunden zu spielen. Viele sind kaum zu bremsen und wollen sofort ein Teil der Gruppe sein. Es gibt aber auch Kleinkinder, die lautstark protestieren. Wenn die Eltern erst einmal fort sind, beruhigen sie sich allerdings schnell und können den Tag dann genießen. Achten Sie ganz genau auf diesen Abschnitt des Tages und tragen Sie dazu bei, dass sich das Kind respektiert und gut versorgt fühlt – auch dann, wenn die Trennung vom Elternteil angenehm verläuft.

In diesem Alter entwickeln Kinder ihren eigenen Willen. Sie haben durch Versuch und Irrtum gelernt, wie sie das bekommen, was sie möchten. Nun verwenden sie viel Energie darauf, ihre Methoden auszuprobieren und zu verfeinern. Das Kind kann seine Eltern durchaus schon mehrfach auf die Probe gestellt haben, bevor die Familie in der Kindertagesstätte ankommt. Nun möchte es nicht, dass Mutter oder Vater weggehen, und weiß genau, dass sein Weinen meistens hilft. Wenn das hier nicht funktioniert und die Eltern trotzdem gehen, kann das Weinen schnell in Wut umschwenken. Das setzt den Elternteil oft unter Druck und er schämt sich womöglich noch für das Benehmen des Kindes.

Denken Sie immer daran, dass Kleinkinder noch Babys sind. Sämtliche Hilfestellungen zum Thema „Trennung", die im vorherigen Kapitel für Babys beschrieben werden, gelten auch für Kleinkinder und natürlich ihre Eltern. Die Eltern eines Kleinkindes können genau die gleiche Verlustangst und Trauer erleben wie die Eltern jüngerer Kinder, besonders wenn das Kind vorher noch nicht in einer Kindertagesstätte betreut wurde. *„Ich verliere mein Baby"*, hört man viele Eltern klagen.

Das Aufnahmegespräch und die Zeit, die Sie mit den Eltern verbringen, bevor das Kind tatsächlich regelmäßig kommt, können entscheidend dazu beitragen, dass sich alle Beteiligten gut an die neue Situation gewöhnen. Die Zeit, die Sie in den Beziehungsaufbau zu den Eltern investieren, zahlt sich aus: Im weiteren Verlauf werden die Gespräche immer einfacher. Wenn es Ihnen gelingt, Eltern und Kind durch zahlreiche förderliche Maßnahmen die Leitgedanken Ihrer Einrichtung nahezubringen, lebt sich das Kind besser ein und dieser erste Übergang des Tages geht von Anfang an problemlos über die Bühne. Zu solchen Maßnahmen zählen Besuche vor der Aufnahme des Kindes, ein Mitarbeiterporträt, das die Eltern mit nach Hause nehmen dürfen (siehe S. 19), aber auch ein Foto von Ihnen und den Kindern oder ein Spielzeug, das die Familie über Nacht ausleihen darf. (Lesen Sie hierzu auch in Kapitel 2 das Thema „Sukzessive Eingewöhnung".)

Sprechen Sie darüber, wie das Kind auf die Trennung reagieren könnte. Bitten Sie die Eltern einzuschätzen, wie das Kind reagieren wird, und besprechen Sie, was Sie daraufhin tun werden.

Vielleicht können Sie bei dieser Gelegenheit auch gleich das Verabschiedungsritual planen. Wenn das Kind so reagiert, wie Sie und die Eltern es vorhergesagt haben, wird es Ihnen leichter fallen, freundlich aber bestimmt zu sein. Das Kind könnte aber auch alle Beteiligten damit überraschen, dass es sich ganz problemlos einlebt und sofort mit dem Spielzeug und den anderen Kindern spielen möchte. Wenn es andererseits mehr Tränen gibt als erwartet, haben Sie zumindest mit den Eltern darüber gesprochen und können freundlich und zuversichtlich auf die Familie einwirken.

Bevor das Kind zum ersten Mal bei Ihnen bleibt, sollten Sie den Eltern ans Herz legen, sich nicht wegzuschleichen, wenn das Kind gerade woanders hinschaut und zufrieden zu spielen scheint. Das Kind kann sich hintergangen fühlen und braucht dadurch möglicherweise noch länger, um sich einzugewöhnen und friedlich von den Eltern Abschied zu nehmen.

- **Eine konsequente personelle Besetzung.** Sorgen Sie dafür, dass die Eltern das Kind immer an derselben Stelle an dieselbe Person übergeben, am besten der zuständigen Erzieherin (siehe Seiten 20–21).
- **Ein fester Platz für die Sachen des Kindes.** Ein Kasten mit seinem Namen und seinem Foto vermittelt dem Kind, dass es dazugehört.
- **Eine spezielle Begrüßung.** Ein Begrüßungsritual, wie es auf Seite 35 beschrieben wird, ist immer eine gute Idee. Sagen Sie dabei unbedingt den Namen des Kindes. Kleinkinder mögen es auch gern, wenn sie Ihre Hände abklatschen dürfen (wie beim Sport).
- **Eine spezielle Verabschiedung.** Ein Abschiedsritual, wie es auf Seite 35 beschrieben wird, vereinfacht die Trennung für Kind und Eltern.
- **Eine feste Einstiegsaktivität.** Nehmen Sie sich jeden Morgen, wenn die Eltern gerade gegangen sind, Zeit für eine besondere Aktivität mit dem Kind, wie zum Beispiel die Fische im Aquarium füttern, Spiele zur sensorischen Wahrnehmung oder eine kleine Mahlzeit.
- **Gefühle zulassen.** Anstatt die Gefühle des Kindes zu vertuschen, sollten Sie darauf eingehen und das Kind nicht antreiben, darüber hinwegzukommen. Zeigen Sie Mitgefühl und sagen Sie etwas wie: *„Ich weiß, es ist schwer „Auf Wiedersehen" zu sagen, wenn Papa/Mama morgens weggeht. Aber ich bin für dich da und passe gut auf dich auf. Und wenn du möchtest, können wir heute ganz viele tolle Sachen machen."* Denken Sie daran: Das Kind versteht vielleicht nicht jedes Wort, aber es weiß genau, was Ihr Gesichtsausdruck und Ihr Tonfall bedeuten.
- **Ermuntern Sie auch die Kinder die anderen Kinder und Erzieherinnen zu begrüßen.** Bringen Sie den anderen Kindern bei, wie man die Neuankömmlinge begrüßt: *„Oh, seht mal, da kommt euer Freund Max! Guten Morgen, Max!"*
- **Bieten Sie ein beliebtes Spielzeug an.** Zeigt das Kind bei einem Besuch vor der Aufnahme besonderes Interesse an einem bestimmten Spielzeug, sollten Sie es auf jeden Fall am ersten Tag zur Hand haben.

Nutzen Sie das Interesse an Freunden. Kleinkinder haben großes Interesse an Freunden. Machen Sie das Kind in der Eingewöhnungsphase auf ein anderes Kind aufmerksam, das als Freund infrage kommen würde und helfen Sie ihm bei der Kontaktaufnahme. Erklären Sie zum Beispiel, was das andere Kind gerade tut: *„Mia probiert die neuen Hüte auf. Vielleicht möchtest du das auch mal versuchen."* Lassen Sie das Kind aber selbst entscheiden, wann es von Ihrem Schoß klettern und losgehen möchte.

Bieten Sie attraktive regelmäßige Aktivitäten an. Selbst wenn sich die Kinder schon gut an das Abschiednehmen von den Eltern gewöhnt haben, sollten Sie jeden Morgen vor der Ankunft der Kinder einfache, aber verlockende Betätigungsmöglichkeiten vorbereiten. Bieten Sie jeden Tag ganz ähnliche Optionen an, wie zum Beispiel Materialien für sensorisches Spiel, Bauklötze und etwas zum Verkleiden. Dann variieren Sie die Angebote innerhalb dieser Kategorien, um das Interesse der Kinder aufrechtzuerhalten. Legen Sie zum Beispiel an einem Tag erwärmte Knetmasse bereit, am nächsten Tag Knetmasse mit Plastikstempeln und am dritten Tag kleine Holzhammer, mit denen die Kinder die Knetmasse bearbeiten können.

Aktivitäten für Übergänge

Ein Buch über uns

Das brauchen Sie

- eine Digitalkamera oder einen regulären Fotoapparat
- einen Drucker
- einen Aktenordner

Das bereiten Sie vor

Wenn Sie eine Digitalkamera haben, können Sie ganz leicht ein kleines Buch anfertigen und als elektronische Datei abspeichern. So haben Sie es jederzeit parat, um es für neue Kinder auszudrucken. Fotografieren Sie die Kinder bei allen Aktivitäten, die an einem typischen Tag ablaufen, zum Beispiel bei der Verabschiedung am Morgen, beim Spiel zur sensorischen Wahrnehmung, bei der Zwischenmahlzeit, beim Geschichtenvorlesen, wenn die Handpuppe kommt, bei Ausflügen nach draußen, auf der Schaukel, beim Mittagessen, Mittagsschlaf, Spielen mit Rhythmikinstrumenten, Malen, Klettern im Außenbereich, bei einem weiteren Snack und schließlich bei der Begrüßung der Eltern am Ende des Tages. Kommentieren Sie die Fotos im Stil eines Märchenbuchs.

Das tun Sie
Drucken Sie die Bilder mit den Kommentaren aus und heften Sie sie in einen Ordner, den die Eltern mitnehmen und dem Kind zu Hause vorlesen können.

Weitere Möglichkeiten
Fertigen Sie ein individuelles Buch für das neue Kind an, indem Sie es bei all den täglichen Aktivitäten fotografieren. Es sollte unbedingt ein Bild dabei sein, das zeigt, wie das Kind mit seinen neuen Freunden spielt. Alle Kinder sehen sich gern als Hauptdarsteller in so einem Buch. Das macht sie stolz und gibt ihnen das Gefühl, etwas erreicht zu haben. So können sie sich auf den nächsten Tag freuen.

Fotos zum Mitnehmen

Das brauchen Sie
- eine Digitalkamera oder einen regulären Fotoapparat
- einen Drucker
- ein Laminiergerät mit Zubehör
- selbsthaftende Magnetstreifen

Das tun Sie
Genau so, wie Sie im Gruppenraum Bilder von den Familien aufhängen, hilft es den Kindern auch, wenn sie zu Hause Fotos anschauen können, auf denen sie bei Aktivitäten in der Kindertagesstätte zu sehen sind. Machen Sie ein Foto von Ihnen mit dem Kind, das die Familie zum Beispiel zu Hause an den Kühlschrank heften kann. Gut ist eine Nahaufnahme, auf der Sie beide lächeln und etwas tun, woran das Kind Freude hat, wie zum Beispiel mit Knetmasse spielen oder ein Buch lesen. So bauen Sie eine Brücke zwischen der Kindertagesstätte und dem Zuhause des Kindes.

Ein Buch für später

Das brauchen Sie
- eine Auswahl an besonderen Bilderbüchern
- einen hübschen Korb

Das tun Sie
Legen Sie eine Reihe von Bilderbüchern, die den Kindern sonst nicht zugänglich sind, in einen hübschen Korb. Wenn Eltern und Kind morgens ankommen, suchen sie ein Buch aus, das sie am Ende des Tages gemeinsam lesen möchten, und legen es in das Fach des Kindes. Wenn das Kind abgeholt wird, setzen sich Elternteil und Kind in eine gemütliche Ecke, bevor sie gehen, und schauen sich ihr ganz spezielles Buch an. Dann kommt es zurück in den Korb. Mit diesem Ritual erreichen Sie zum einen, dass das Kind begreift: Mama/Papa kommt auf jeden Fall zurück, denn sie oder er hat versprochen, dass wir nachher dieses Buch lesen. Außerdem assoziiert das Kind auf diese Weise von Anfang an etwas Positives mit Büchern und wird daher vermutlich später gern lesen.

Mitfühlende Freunde

Das tun Sie

Ist ein Kind morgens traurig oder weint es, wenn der Elternteil geht, haben die anderen Kinder Mitgefühl und kommen vielleicht zu ihm herüber und schauen es an. Dadurch fühlt sich das Kind natürlich noch schlechter. Bringen Sie den Kindern bei, wie man in dieser Situation helfen kann. *„Max ist ganz traurig, weil ihm seine Mama fehlt. Was können wir tun, damit er sich besser fühlt?"* Wahrscheinlich kommen die Kinder nun herüber und streicheln oder umarmen Max, bringen ein Taschentuch oder sogar ihre Schmusedecke. Dann könnten Sie etwas in dieser Art sagen: *„Das war aber lieb von euch. Nun fühlt sich Max schon besser. Siehst du, Max? Du hast hier Freunde, die dich gernhaben."* Diese wichtigen sozialen Lektionen behalten Kinder ein Leben lang.

Das „Ich kümmere mich um dich"-Lied

Singen Sie dem Kind das Lied nach der Anfangsmelodie von „Im Märzen der Bauer" oder einer erfundenen Melodie vor:

Guten Morgen, lieber (Name des Kindes),
ich bin gerne bei dir,
werd' mich kümmern um dich,
das verspreche ich dir.

Hier gibt's lustige Sachen,
zum Spielen ganz toll,
wirst mit Freunden viel lachen,
und freu'n dich ganz doll.

Telefonieren spielen

Das brauchen Sie

zwei Spielzeugtelefone oder alte Mobiltelefone, die nicht mehr benutzt werden

Das tun Sie

Sobald das Kind einfache Sätze beherrscht, können Sie es mit dieser Aktivität trösten, wenn es seine Eltern vermisst. Schlagen Sie dem Kind ein Spiel vor, bei dem es seine Mutter oder seinen Vater bei der Arbeit anruft. Sie spielen den Elternteil. Das Gespräch könnte in etwa so ablaufen:

(Machen Sie gemeinsam das Klingeln des Telefons nach.)
Sie: *„Hallo, hier ist Mama. Wer ist da?"*
Kind: *„Ich!"*
Sie: *„Oh, bist du das, mein Schatz? Ich hoffe, du hast heute ganz viel Spaß. Ich freu mich schon auf dich!"*
Kind: *„Ich hab dich lieb, Mama."*
Sie: *„Ich hab dich auch lieb ... Ich drück dich ganz doll, wenn ich dich nachher abholen komme. Spiel' schön mit den anderen und bis dann!"*
Kind: *„Tschüss, Mama!"*
Sie: *„Tschüss, mein Schatz!"*

Manchmal braucht das Kind beim Sprechen ein bisschen Hilfe. Es kann aber auch sein, dass Sie sich wundern, was es schon alles erzählen kann.

Familienfotos

Es tröstet Kinder, wenn sie in der Kindertagesstätte Fotos von ihrer Familie anschauen können. Falls die Eltern keine Fotos haben, die sie Ihnen überlassen können, könnten Sie die Familie fotografieren, wenn das Kind gebracht oder abgeholt wird. Nutzen Sie die Momente, in denen die Kinder diese Bilder anschauen, um mit ihnen über die Familie zu sprechen. Sie können den Kindern diese Fotos auf verschiedene Arten zugänglich machen. Es folgen ein paar Beispiele:

- Legen Sie ein Fotoalbum an, in dem jedes Kind Ihrer Gruppe seinen eigenen Abschnitt hat. Bewahren Sie das Album in der Leseecke auf, wo die Kinder es jederzeit anschauen können.
- Basteln Sie für jedes Kind ein eigenes kleines Fotobüchlein mit Familienfotos, zum Beispiel eines mit Reißverschlusstaschen (wie auf Seite 25 beschrieben).
- Laminieren und lochen Sie die Fotos an einer Ecke. Dann ziehen Sie die Bilder auf einen großen Schlüsselring. So kann das Kind sie mit sich herumtragen.
- Platzieren Sie die Fotos an einer niedrig angebrachten Ausstellungswand. Dann können die Kinder jederzeit hingehen und die Bilder berühren.
- Basteln Sie ein Memory®-Spiel aus den Familienfotos. Dazu brauchen Sie immer zwei Abzüge von jedem Foto, die Sie laminieren. Dann vermischen Sie die Fotos in einem Karton und lassen die Kinder Paare suchen.

Das Familien-Türchen-Spiel

Kleinkinder lieben jede Art von Türchen und Klappen. Genau genommen handelt es sich bei dieser Aktivität um eine Variante des „Guck-guck-da"-Spiels.

Das brauchen Sie
- zwei große Bogen Bastelkarton
- eine Schere
- Fotos von den Familien der Kinder
- Klebstoff
- Klebeband

Das bereiten Sie vor
Schneiden Sie für jedes Kind in Ihrer Gruppe eine Tür in den oberen Bogen. Die Fotos kleben Sie so auf den unteren Bogen, dass sie zu sehen sind, wenn die Türchen geöffnet werden. Dann kleben Sie die beiden Bogen zusammen.

Das tun Sie
Lassen Sie die Kinder an eine der Türen „anklopfen" und sie dann öffnen. *„Oh, guck mal! Wessen Familie ist das denn? Genau, das ist Lisas Familie!"*

Liebesgeschichten und Liebeslieder

Das brauchen Sie
- einen Kassettenrekorder oder CD-Player
- eine Leerkassette für jedes Kind

Das tun Sie
Bitten Sie die Eltern, eine Lieblingsgeschichte des Kindes vorzulesen oder ein, zwei Lieder zu singen und sich dabei aufzunehmen. Entweder mit dem Kassettenrekorder oder dem Computer. Die Eltern könnten auch etwas sagen, zum Beispiel: *„Mami/Papa hat dich so lieb. Hier kommt eine dicke Umarmung: Leg die Arme um dich selbst und drück ganz fest zu, mmmmmmm!“* Lassen Sie das Kind die Kassette/die CD anhören, wenn es seine Mutter oder seinen Vater vermisst.

Abschied nehmen spielen

Das brauchen Sie
- eine Puppe oder ein Plüschtier
- einen Aktenkoffer (falls der Elternteil einen benutzt)
- eine Brotdose (falls der Elternteil eine benutzt)
- einen Mantel

Das tun Sie
Regen Sie das Kind dazu an, die morgendliche Abschiedsszene von den Eltern nachzuspielen. Dabei sollte das Kind die Rolle des Elternteils spielen und die Puppe ist natürlich das Kind. Sie können weiterhin die Erzieherin sein. Nun spielt das Kind das Ritual beim Abschiednehmen nach und versichert der Puppe, dass es wiederkommt. Bei jüngeren Kindern müssen Sie vielleicht streckenweise das Sprechen übernehmen. Spielen Sie auf jeden Fall Ihre Rolle als Erzieherin, indem Sie genauso liebevoll und einfühlsam mit der Puppe umgehen wie sonst mit dem Kind. Das gibt dem Kind ein Gefühl von Stärke und hilft ihm, seine Emotionen zu verarbeiten.

Selbst gebasteltes Buch „Mama kommt zurück“

Das brauchen Sie
- eine Kamera
- einen kleinen Schnellhefter/ein kleines Ringbuch
- passendes Papier
- transparente Klebe- oder Laminierfolie
- einen Locher
- einen Stift

Das tun Sie
Fotografieren Sie das Kind bei allen Aktivitäten während seiner morgendlichen Routine und bei seiner Ankunft in der Kindertagesstätte. Bitten Sie die Eltern, Fotos von der morgendlichen Routine des Kindes von zu Hause mitzubringen, z. B. vom Aufwachen, Anziehen, Frühstücken und davon, wie es ins Auto steigt. Fotografieren Sie, wie Kind und Elternteil bei Ihnen ankommen, wie der Elternteil dem Kind die Jacke auszieht und in sein Fach hängt, wie er die Windeltasche aufhängt und das Kind zum Abschied umarmt. Dann machen Sie mehrere Fotos von typischen Aktivitäten des Kindes im Tagesverlauf: Spielen, Mittagessen, Schlafen und so weiter. Schließlich fotografieren Sie noch, was am Ende des Tages passiert: das freudige Wiedersehen mit dem Elternteil, Jacke anziehen und den Freunden und der Erzieherin zum Abschied zuwinken.

Kleben Sie die Fotos in der korrekten Reihenfolge auf einzelne Blätter Papier und schreiben Sie eine kurze Bildunterschrift dazu. Laminieren Sie die Blätter oder kleben Sie transparente Folie darauf. Dann lochen Sie die Blätter und heften Sie sie ein.

Lesen Sie dem Kind dieses selbst gemachte Buch vor, wenn es seine Mutter oder seinen Vater vermisst. Sie könnten auch ein allgemeineres Buch zu diesem Thema anfertigen, indem Sie Fotos von allen Kindern benutzen. In einem solchen Buch steigt Lisa zum Beispiel ins Auto, Michael kommt in der Tagesstätte an, Andreas hängt eine Jacke in sein Fach und so weiter.

Lesen Sie mit den Kindern Bücher über Trennung und Abschied

Alle Kinder profitieren von Büchern zu diesem Thema, selbst wenn sie sich problemlos von ihren Eltern trennen können. Lesen Sie diese Geschichten einzelnen Kindern oder kleinen Gruppen vor.

Leo Lausemaus will nicht in den Kindergarten von Marco Campanella, Verlag: Lingoli

Leo Lausemaus – Mama geht zur Arbeit von Marco Campanella, Verlag: Lingoli

Wenn Papa weg ist ... von Isabel Pin, Verlag: Bajazzo

Lukas im Kindergarten oder Wie man einen Freund findet von Julia Boehme und illustriert von Kerstin Völker, Verlag: Baumhaus

Heule-Eule von Paul Friester, illustriert von Philippe Goossens, Verlag: Nord-Süd

Wo ist Mami? von Julia Donaldson, illustriert von Axel Scheffler, Verlag: Beltz & Gelberg

Wie der kleine rosa Elefant einmal sehr traurig war und wie es ihm wieder gut ging von Monika Weitze und Eric Battut, Verlag: Bohem Press

Jakob im Kindergarten von Nele Banser und Peter Friedl, Verlag: Carlsen

Gegenstände, die Übergänge leichter machen

Kuscheltiere, Spielsachen oder andere Gegenstände, die Kleinkindern ein Gefühl von Sicherheit geben, können in der Kindertagesstätte eine große Hilfe sein. Viele Kinder haben bereits ein „Lieblingsstück". Es kann ein Teddy oder ein Plüschtier, eine Schmusedecke, Papas alte Mütze oder was auch immer sein – es ist auf jeden Fall der *eine* Gegenstand, den sie gerne mit ins Bett nehmen und den ganzen Tag über mit sich herumschleppen. Wenn das Kind kein Lieblingsstück hat, könnten Sie den Eltern vorschlagen, etwas auszusuchen, das sich dafür eignen könnte.

Wenn die Kinder zur Schlafenszeit andere Kinder mit ihrem Kuscheltier oder Lieblingsstück sehen, möchten sie vielleicht auch gern so etwas haben. Es ist interessant zu beobachten, wie viel Kraft das Kind aus diesem besonderen Gegenstand zieht. Dem Plüsch scheint eine Art Magie innezuwohnen. Seinen Teddybär festzuhalten, kann einem Kind den nötigen Mut verleihen, der Welt ins Auge zu schauen. Auf diese Weise arbeitet das Kind zum ersten Mal mit einem Symbol. Das Lieblingsstück steht für Trost und das Gefühl, zu Hause zu sein.

In der ersten Zeit möchte das Kind sein Kuscheltier oder Lieblingsstück möglicherweise die ganze Zeit bei sich haben. Das erfordert von den zuständigen Erzieherinnen zugegebenermaßen einiges an Flexibilität. Irgendwann wird es dem Kind zu mühsam, sodass Sie es dazu überreden können, sein Kuscheltier oder Lieblingsstück in seinem Fach zu lassen. Sagen Sie dem Kind, dass es das Kuscheltier jederzeit holen kann. Dann kommt der Gegenstand nur noch beim Mittagsschlaf zum Einsatz und wenn sich das Kind nicht wohlfühlt oder sich wehgetan hat.

Kinder sind sehr besitzergreifend, wenn es um ihre Lieblingsstücke geht. Andere Kinder verstehen in der Regel, dass es das spezielle Lieblingsstück des anderen Kindes ist („ *... genau wie deine Decke, Maja"*) und dass es die anderen Kinder nicht damit spielen lassen muss.

- **Beschaffen Sie ein Duplikat.** Versuchen Sie, Eltern und Kind zu überreden, dass sie ein Exemplar für die Kindertagesstätte anschaffen und eines, das zu Hause bleibt. Das macht es den Eltern nicht nur am Morgen um einiges leichter, wenn sie das Haus verlassen, sondern auch am Nachmittag in der Kindertagesstätte.
- **Stellen Sie Regeln für die Lieblingsstücke auf** – wie zum Beispiel: keine Kuscheltiere und Lieblingsstücke am Tisch oder im Außenbereich.
- **Bewahren Sie die Gegenstände im Fach auf.** Bringen Sie die Kinder nach und nach dazu, dass sie ihre Kuscheltiere oder Lieblingsstücke die meiste Zeit über in ihrem Fach aufbewahren und nur holen, wenn sie schlafen gehen, ein Wehwehchen haben oder unglücklich sind.

Aktivitäten für Übergänge

Die Kuscheltierparty

Das brauchen Sie

- die Kuscheltiere oder Lieblingsstücke der Kinder
- Getränke und eine Kleinigkeit zu essen
- Partyhüte
- Bilderbücher über die Lieblingsstücke, wie auf Seite 65 beschrieben

Das tun Sie

Bitten Sie alle Kinder, ihr Kuscheltier oder Lieblingsstück zu holen. Halten Sie ein paar andere Kuscheltiere für Kinder bereit, die ihr eigenes an diesem Tag nicht dabeihaben. Die Erwachsenen sollten zu diesem besonderen Anlass auch ihren persönlichen Glücksbringer mitbringen. Nun könnten Sie jedes Kind fragen, wie sein Kuscheltier oder Lieblingsstück heißt, und dann Ihr eigenes vorstellen. Singen Sie das Kuscheltierlied oben auf der folgenden Seite. Dann können die Kinder sich und ihrem Kuscheltier oder Lieblingsstück Partyhüte aufsetzen. Lesen Sie eines der Bücher vor, die auf der nächsten Seite vorgeschlagen werden. Essen und trinken Sie eine Kleinigkeit zusammen, zum Beispiel die Zwischenmahlzeit, die für diesen Tag geplant ist. Lassen Sie die Kinder ihr Kuscheltier „füttern". Dann singen Sie „Schlaf, Kindlein, schlaf" und die Kinder legen ihre Lieblingsstücke wieder in ihr Fach zurück. Kleinkinder haben sehr viel Fantasie und können in ihrer Schmusedecke eine Person sehen. Kinder, die andere Lieblingsgegenstände haben, könnten ihr Lieblingsstofftier für die Aktivität verwenden. Auch das wird ihnen Spaß machen.

Das Kuscheltierlied

Singen Sie dieses Lied nach der Melodie von „Ein Jäger aus Kurpfalz".

Du bist mein größter Schatz,
du tröstest mich und machst mir Spaß.
Aus Kummer machst du Glück,
du bist mein bestes Stück.

Und wenn ich traurig bin,
mit dir ist's gleich nur halb so schlimm.
Am Abend dann im Bett,
da halt ich dich ganz fest.

Ich nehme dich mit an jeden Ort,
ganz egal wohin, du bist mit mir dort.
Ich hab keine Angst, solange du da bist,
ich hab dich lieb und drücke dich ganz fest.

Bücher und Geschichten über Kuscheltiere, Schmusedecken & Co.

Das brauchen Sie
Bilderbuch oder Geschichte über ein besonderes Lieblingsstück

Das tun Sie
Sagen Sie den Kindern, dass sie ihr Kuscheltier oder Lieblingsstück mit in die Leseecke bringen dürfen. Lesen Sie allen Kindern das ausgewählte Bilderbuch oder die Geschichte vor. Vergleichen Sie die Figuren aus den Geschichten mit den Kuscheltieren der Kinder und sprechen Sie zum Beispiel darüber, wie das Kind in der Geschichte mit seinem besonderen Lieblingsspielzeug umgeht oder spielt.

Bilderbücher über Lieblingsspielzeug

Körnchen: Ohne dich schlaf ich nicht! von Annet Rudolph, Verlag: Ravensburger

Mein erstes Fühlbuch: Meine liebsten Kuscheltiere von Irmgard Eberhard, Verlag: Ravensburger

Mein rotes Bobby-Car von Doris Rübel, Verlag: Ravensburger

ministeps®. Mein Schmusetuch von Doris Rübel, Verlag: Ravensburger

Wenn Kuscheltiere schlafen gehen von Hans-Christian Schmidt, illustriert von Andreas Német, Verlag: Oetinger

Reihe: **Jule und Knuffel** von Lara Jones, Verlag: Arena

Max und der Teddy von Eva Eriksson und Barbro Lindgren, Verlag: Oetinger

Das tägliche Programm

Ein gut geplanter und feststehender Tagesablauf ist für eine Kindertagesstätte ein wichtiger Bestandteil. Führen Sie bestimmte Vorgänge stets in der gleichen Reihenfolge durch. So lernen die Kinder, worauf sie sich einstellen können, und fügen sich automatisch besser ein. Natürlich sollten Sie innerhalb der einzelnen Abschnitte im Tagesverlauf trotzdem für Abwechslung sorgen.

Es folgt ein Beispiel dafür, wie der Tagesablauf im Kleinkindbereich aussehen könnte. Dieser Ablauf lässt sich selbstverständlich variieren. Schneiden Sie das „Gerüst" einfach auf die speziellen Anforderungen in Ihrer Einrichtung zu. Es versteht sich auch von selbst, dass Windelnwechseln und Toilettenbesuche je nach Bedarf öfter stattfinden, als sie hier verzeichnet sind.

Beispiel für einen Tagesablauf

7:00– 8:30	Ankunft der Kinder; mehrere einfache Aktivitäten liegen bereit
8:30– 8:45	Morgenkreis
8:45– 9:00	Frühstück/kleiner Imbiss
9:00–10:00	Spielzeit im Innenbereich
10:00–10:15	Aufräumen
10:15–10:30	Kleingruppen-Kreis (Handpuppe, Geschichte, Lied)
10:30–10:45	Windeln wechseln, zur Toilette gehen, fertig machen zum Hinausgehen
10:45–11:30	Aktivitäten im Außenbereich
11:30–12:00	Mittagessen
12:00–12:15	Vorbereiten auf den Mittagsschlaf
12:15–14:15	Mittagsruhe
14:15–14:30	Aufwachen, Toilette, Windeln wechseln
14:30–14:45	Nachmittagsimbiss
14:45–15:20	Spielzeit
15:20–15:30	Aufräumen
15:30–15:45	Windeln wechseln, zur Toilette gehen, fertig machen zum Hinausgehen
15:45–16:30	Aktivitäten im Außenbereich
16:30–16:45	Getränk und frisch machen
16:45–17:00	Geschichte, Handpuppe, Spielkreis
17:00–18:00	Einfache Spielaktivitäten, während die Eltern kommen, um die Kinder abzuholen

- **Planen Sie reichlich Zeit für die einfachen Routinen ein.** Beginnen Sie mit einigen Dingen etwas früher, wenn es nötig ist.
- **Arbeiten Sie im Team.** Eine Mitarbeiterin kann bereits mit Aktivitäten wie Windeln wechseln, Kinderbettchen aufstellen, nach draußen gehen oder aufräumen beginnen, während eine andere mit den Kindern noch einer anderen Aktivität nachgeht.
- **Sorgen Sie für ein ausgewogenes Angebot.** Aktive und ruhige Phasen sollten einander abwechseln, damit jeder seine Kräfte und seine Konzentrationsfähigkeit behält.
- **Bereiten Sie die Kinder vor.** Sagen Sie den Kindern vor Beginn der nächsten Aktivität im Tagesverlauf, was sie als Nächstes tun werden.

Aktivität für Übergänge

Der Tagesablauf als Fotogalerie

Das brauchen Sie

- eine Kamera
- ein Laminiergerät und Zubehör
- Platz an der Wand in Augenhöhe der Kinder

Das bereiten Sie vor

Fotografieren Sie jede Aktivität im Tagesverlauf: die Ankunft der Kinder, das Frühstück, Windelnwechseln, Auf-die-Toilette-Gehen, Händewaschen, die Spielzeit, die Beschäftigungen im Außenbereich usw.
Laminieren Sie diese Fotos und bringen Sie sie in der richtigen Reihenfolge nebeneinander an der Wand an, wo die Kinder sie sehen können.

Das tun Sie

Spielen Sie ein kleines Spiel, um die Kinder mit den Fotos vertraut zu machen. Sie sollen das Foto suchen, auf dem zu sehen ist, was gerade im Gruppenraum vor sich geht. Dann sollen die Kinder erzählen, was auf jedem Foto passiert. Nehmen Sie mehrere Kinder mit zu den Fotos und fragen Sie nach bestimmten Tageszeiten: *„Lisa, kannst du das Frühstücksfoto finden?" „Max, welches Foto zeigt uns beim Mittagsschlaf?"*

Später können Sie mit den Fotos arbeiten, um den Kindern verständlich zu machen, wann was passiert. Zeigen Sie auf das Foto, welches zeigt, was als Nächstes geschehen wird und lassen Sie das Kind erzählen, was das ist. Erwarten Sie besonderen Besuch? Dann zeigen Sie den Kindern, wann der Besuch kommt. Wenn ein Kind seine Mutter oder seinen Vater vermisst, können Sie dem Kind auf der Fotogalerie zeigen, wann die Eltern kommen, um es abzuholen.

Der Morgenkreis

Der Morgenkreis stimmt die Kinder auf den Tag ein. Beginnen Sie damit, wenn alle oder die meisten Kinder angekommen sind. Setzen Sie damit ein klares Startsignal für den Tag.

- **Machen Sie's kurz.** Bei Kindern, die gerade erst das Kleinkindalter erreicht haben, braucht der Morgenkreis nicht länger als fünf Minuten zu dauern. Ältere Kinder können bereits länger zusammenbleiben.
- **Zwingen Sie niemanden zur Teilnahme.** Wenn ein Kind sich nicht hinsetzen und zuhören möchte, sollten Sie nicht allzu viel Energie darauf verwenden, es zurückzuholen. Das führt nur zu einer negativen Haltung gegenüber solchen Zusammenkünften. Irgendwann macht das Kind schon mit.
- **Nutzen Sie die Zeit zur Vorbereitung anderer Aktivitäten.** Während eine Erzieherin den Morgenkreis leitet, kann eine andere Aktivitäten vorbereiten, die Sie für den weiteren Tagesverlauf geplant haben, und den Raum für die Spielzeit vorbereiten.

Aktivitäten für Übergänge

Morgenkreislied

Singen Sie dieses Lied nach der Melodie des Gospels „He's got the whole world in his hands":

Liebe Kinder, kommt alle her,
Kathrin und Moritz, kommt bitte mal her,
Anna und Lasse, kommt her zu mir,
nun sagen wir uns „guten Tag".

Das tun Sie
Gehen Sie durch den Raum, singen Sie das Lied und nehmen Sie die Kinder an die Hand, um sie an den Platz zu bringen, wo sie sich zum Morgenkreis sammeln. Sobald alle da sind, können Sie das Begrüßungslied anstimmen (siehe folgende Aktivität).

Das Begrüßungslied

Singen Sie dieses Lied nach der Melodie des Gospels „He's got the whole world in his hands":

Hallo Lisa, wie geht es dir?
Hallo Thomas, wie geht es dir?
Hallo Carina, wie geht es dir,
wie geht's dir heute Morgen so?

Singen Sie das Lied mit zusätzlichen Strophen weiter, bis Sie jedes Kind persönlich angesprochen haben.

Die Handpuppe kommt

Das brauchen Sie
- eine Handpuppe
- ein Haus für die Handpuppe (Korb oder Kiste)

Das tun Sie
Wecken Sie gemeinsam mit den Kindern die Handpuppe, die in ihrem Haus schläft. Die Puppe kann herauskommen und gähnen, sich die Augen reiben und umherschauen. *„Sieh mal, [Name der Handpuppe], wir sind alle da."* Handpuppe: *„Wirklich? Alle Kinder? Na, dann möchte ich einen Kuss von Maja. ... Nun möchte ich einen Kuss von Max. Wo ist Thomas? Da ist er ja und er trägt seinen gelben Pulli. Ich möchte einen Kuss von Thomas ..."* Die Handpuppe kann alle Kinder in der Gruppe begrüßen und küssen. So fühlt sich jedes Kind anerkannt und wichtig.

Ist ein neues Kind in die Gruppe gekommen, können Sie es durch die Handpuppe offiziell begrüßen. *„Weißt du was, [Name der Handpuppe]? Wir haben heute ein neues Kind in der Gruppe. Das ist Sarah."* Handpuppe: *„Hallo Sarah, wie geht es dir? Ich bin [Name der Handpuppe]. Darf ich dir einen Kuss geben?"*

Wer ist heute da? – Ein Bilderspiel

Das brauchen Sie

- ein laminiertes Foto von jedem Kind in der Gruppe
- eine Schachtel mit Deckel

Das tun Sie

Legen Sie die Fotos von allen Kindern in die Schachtel. Nehmen Sie den Deckel ab und holen Sie immer nur ein Foto heraus. Fragen Sie die Kinder: *„Wer ist das hier? ... Stimmt genau, das ist Thomas. Ist Thomas heute hier?"*

Weitere Möglichkeiten

- Befestigen Sie an der Rückseite der Fotos einen selbstklebenden Klettverschlussstreifen und heften Sie alle Bilder an eine Filztafel.
- Für eine Magnettafel oder -wand befestigen Sie auf der Rückseite der Fotos selbstklebende Magnetstreifen.

Was machen wir heute?

Das brauchen Sie

Fotos oder Abbildungen von den Materialien, die Sie heute verwenden werden, oder von Aktivitäten, die Sie mit den Kindern geplant haben

Das tun Sie

Sprechen Sie mit den Kindern darüber, was Sie für den Vormittag geplant haben. Zeigen Sie ihnen die Bilder von den verschiedenen Aktivitäten und Gegenständen. Zeigen Sie zum Beispiel ein Foto von Knetmasse und vermitteln Sie ihnen auf diese Weise eine visuelle Repräsentation für etwas, das sie später erleben werden. Eine wichtige kognitive Aktivität für die Kinder! Zeigen Sie vier oder fünf Bilder und fragen Sie bei jedem Bild ein bestimmtes Kind, was es gern zuerst tun möchte. Auf diese Weise können Sie die Kinder an bestimmte Aktivitäten heranführen, bevor die Spielzeit beginnt.

Die Zwischenmahlzeit

Essen ist eine gesellige Angelegenheit. Die Kinder können währenddessen eine Pause machen und zur Ruhe kommen. Das Essen in der Gemeinschaft ist eine gute Übergangsaktivität. Es gibt zwei Möglichkeiten, wie die Kinder ihre Zwischenmahlzeit einnehmen können: Die häufigste Herangehensweise ist, dass sich alle Kinder an den Tisch setzen und gemeinsam die Zwischenmahlzeit einnehmen. Sie können die Mahlzeit aber auch dort hinstellen und jedes Kind kommt und geht, wann es möchte. Beide Möglichkeiten funktionieren für diese Altersgruppe gut.

Zwischenmahlzeit – die klassische Variante

Bei dieser Variante kommen alle Kinder zur selben Zeit zu Tisch und essen gemeinsam eine Mahlzeit. Es ist die einfachste Möglichkeit, die Kinder ihre Mahlzeit einnehmen zu lassen, da alle zur selben Zeit das Gleiche tun. Sie können jeden Tag ein anderes Kind bitten, Ihnen beim Verteilen der Servietten und Becher zu helfen.

Ein Vorteil des gemeinsamen Essens ist, dass die Kinder etwas in der Gruppe unternehmen und dabei ihre Sprachentwicklung gefördert wird. Nutzen Sie diese Zeit, um mit den Kindern am Tisch darüber zu sprechen, was für Kleidung sie tragen, was sie am Morgen gemacht haben, wer heute fehlt oder was sie gerade essen. Sagen Sie ihnen anschließend, was sie als Nächstes tun werden.

Zwischenmahlzeit – die Buffetvariante

Bei dieser Variante stellen Sie die Mahlzeit während der Spielzeit auf den Tisch und die Kinder können kommen und essen (oder auch nicht essen), wann sie möchten. Die einzige Regel besteht darin, dass sie am Tisch sitzen bleiben müssen, solange sie essen. Ein Erwachsener sollte am Tisch bleiben, um mit den Kindern zu sprechen, während sie essen. Diese Methode ist besonders gut geeignet, wenn Sie die Zwischenmahlzeit draußen auf dem Spielplatz servieren. Auf diese Weise kommen Sie zu einer längeren Spielzeit ohne Unterbrechung.

Aktivitäten für Übergänge

Das „Kommt zu Tisch"-Lied (siehe S. 40)

Singen Sie dieses Lied zur Melodie von „Happy Birthday". Wenn Sie das Lied jeden Tag singen, wissen die Kinder schon bald, was sie nun tun sollen.

Liebe Kinder, kommt zu Tisch,
Liebe Kinder, kommt zu Tisch,
es gibt zu essen, liebe Kinder,
liebe Kinder, kommt zu Tisch!

Wir füttern den hungrigen Mülleimer

Kinder können schon früh lernen, ihre Serviette in den Mülleimer zu werfen, wenn sie nach der Mahlzeit vom Tisch aufstehen. Es macht natürlich mehr Spaß, wenn der Mülleimer ein lustiges Gesicht hat. So wird er eine Art Spielzeug. Sie könnten ihn auch sprechen lassen: *„Mmh, lecker, lecker, danke!"*, wenn die Kinder ihren Müll hineinwerfen.

Der Übergang in die Spielzeit

Überraschenderweise kann der Übergang vom Nichtspielen zum Spielen für einige Kinder problematisch sein. Das ist etwas, worüber wir uns selten Gedanken machen. Sie haben einen wunderschönen Raum mit lauter interessanten Spielangeboten für die Kinder. Nach welchen Kriterien sucht sich ein Kind nun eine bestimmte Aktivität aus? Oft wählt es etwas Bekanntes, womit es schon einmal gespielt hat. Manchmal zieht es ein Kind auch zu Dingen hin, die andere Kinder gerade tun, oder zu einem bestimmten Kind. Das Kind kann ein neues Spielzeug attraktiv finden oder dorthin gehen, wo sich seine Lieblingserzieherin gerade aufhält. Es folgen ein paar Tipps für den Übergang in die Spielzeit.

- **Ihr Raum sollte klar strukturiert sein.** Bei der Arbeit mit Kleinkindern können Sie zwar auf feste Interessensbereiche verzichten, wie sie in Kindergärten zu finden sind, aber Sie sollten ähnliche Gegenstände oder Spielsachen gruppieren und den Raum hierfür mit Möbeln oder Raumteilern in bestimmte Bereiche unterteilen. Folgende Bereiche sind denkbar: kleinteiliges Spielzeug, Theaterecke, Bauklötze und Autos, grobmotorisches Spiel, sensorische und kreative Aktivitäten und eine Kuschelecke mit Büchern.
- **Die Gegenstände sollten leicht zu finden sein.** Bewahren Sie kleinteiliges Spielzeug in durchsichtigen Plastikboxen auf, damit die Kinder sehen können, was sich in den Boxen befindet.
- **Stellen Sie die Dinge nicht allzu oft um.** Bewahren Sie das Spielzeug möglichst immer an derselben Stelle auf, damit die Kinder es problemlos finden können. Das gibt ihnen ein Gefühl von Sicherheit und Kontrolle.
- **Verwenden Sie Bilder als Symbole.** Fotografieren Sie das Spielzeug und kleben Sie die Fotos an das Regal oder den Platz, an dem das Spielzeug aufbewahrt werden soll, sowie auf den Kasten, in den das Spielzeug gehört (sofern vorhanden). Überziehen Sie die Fotos mit transparenter Klebefolie. Das Aufräumen wird so schnell zu einem Zuordnungsspiel.
- **Bieten Sie immer Spiele zur sensorischen Wahrnehmung an.** Lassen Sie die Kinder am Tisch für sensorisches Spiel mit Wasser oder anderen Materialien, die man gießen oder schütten kann, wie zum Beispiel Sand oder Konfetti, experimentieren. Knetmasse oder Lehm sind ebenfalls geeignet. Spiele zur sensorischen Wahrnehmung eignen sich gut, um die Kinder an Entscheidungen heranzuführen. Die Beschäftigung mit unterschiedlichen Materialien wirkt meist beruhigend und ist besonders für Kinder geeignet, die gereizt oder traurig sind. Außerdem wird das soziale Miteinander gefördert, weil in der Regel auch andere Kinder mit am Tisch sitzen.
- **Bieten Sie klar erkennbare Auswahlmöglichkeiten an.** Kinder entscheiden sich leichter für Spielmaterial und wo sie spielen wollen, wenn die Auswahl an Materialien im Regal deutlich zu erkennen ist. Wenn alles durcheinanderliegt und die Kinder nur einen großen Berg Spielzeug sehen, sind sie schnell überfordert und werfen die Dinge manchmal einfach nur durch die Gegend.
- **Führen Sie die Kinder an bestimmte Spielsachen heran.** Entscheiden Sie, welche Spielsachen oder Aktivitäten Sie besonders hervorheben möchten, und setzen Sie diese entsprechend in Szene. Platzieren Sie die Spielsachen auf einem Tisch, legen Sie Bewegungsspielzeug (zum Beispiel einen Kriechtunnel) mitten in den Spielbereich oder hängen Sie Verkleidungsutensilien gut sichtbar auf.
- **Sprechen Sie darüber, was angeboten wird.** Holen Sie direkt vor Beginn der Spielzeit (wenn Sie gerade eine Geschichte zu Ende vorlesen oder eine Mahlzeit beenden) die Handpuppe heraus. Diese fragt dann, was als Nächstes angeboten wird, und Sie erzählen es ihr: *„Tja, [Name der Handpuppe], heute gibt es zum Beispiel beim Waschbecken lustige Wasserspiele. Frau Schmidt*

hat da drüben, wo wir mit Knetmasse spielen, ein paar tolle Stempel. Karla und Jan wollen sich vielleicht in der Spielküche verkleiden und da drüben in der Ecke liegen natürlich die großen Bauklötze …"

Lassen Sie die Kinder bei einer bestimmten Aktivität beginnen. Spielen Sie den Chef, indem Sie die Kinder den unterschiedlichen Aktivitäten zuteilen. Suchen Sie ein paar Kinder für die Wasserspiele aus und entscheiden Sie dann, wo die anderen Kinder beginnen. Wenn Sie die Kinder gut einschätzen können, sind Sie vielleicht in der Lage, jedes gleich an eine Aktivität zu setzen, mit der es sich eingehend beschäftigt. Machen Sie sich auch Gedanken darüber, wer neben wem spielen wird und welche Kinder Sie gern als Spielpartner sehen würden. Hier sollte Ihr Chefsein dann aber auch enden und wenn ein Kind vehement protestiert, weil es lieber mit etwas anderem spielen möchte, sollten Sie ihm das gewähren. Grundgedanke der Spielzeit ist, dass die Kinder ihre Aktivitäten frei wählen dürfen, weil sie sich meistens genau das Richtige aussuchen, um eine der vielen Fertigkeiten zu trainieren, die sie gerade neu entwickeln.

Stellen Sie sich darauf ein, dass die Kinder weiterziehen. Rechnen Sie nicht damit, dass ein Kleinkind die ganze Zeit über an einer Spielstation bleibt, obwohl einige Sie genau dadurch verblüffen werden. Gestatten Sie den Kindern, von einer Aktivität zur nächsten zu wandern.

Aktivitäten für Übergänge

Wo kommt das hin?

Das brauchen Sie
- eine Handpuppe
- unterschiedliche Spielsachen aus Ihrem Raum

Das tun Sie
Holen Sie die Handpuppe heraus. Sie sagt den Kindern, dass sie ein Problem hat. Sie möchte gern die Spielsachen wegräumen, aber sie weiß nicht wohin. Also fragt sie die Kinder. Sie sagen: *„Thomas, kannst du [Name der Handpuppe] zeigen, wo wir die Spielzeugautos aufbewahren?"* Diese Aufgabe erfüllt das Kind mit Stolz und gibt ihm Selbstvertrauen. Außerdem wird auf diese Weise für alle Kinder noch einmal wiederholt, wo was zu finden ist.

Wo liegt das?

Das brauchen Sie
Fotos von den Spielsachen in Ihrem Raum

Das tun Sie
Räumen Sie alle Spielsachen an ihren Platz. Dann zeigen Sie einem oder mehreren Kindern ein Foto von einem Spielzeug. Fragen Sie zuerst, was das ist und anschließend wo es liegt. Die Kinder sollen das Spielzeug benennen und es dann holen. Sagen Sie ihnen nicht, wo sie es finden. Dieses Spiel ist eine gute Übung für die Kinder.

Mitspielen lernen

Es gibt Kinder, die können sich in ein gemeinsames Spiel besser integrieren als andere. Dies ist eine weitere Form des Übergangs, bei der Kinder anfangs Ihre Hilfe benötigen. Hat ein Kind zum Beispiel noch keine Erfahrung mit gemeinsamem Spielen, möchte aber gerne mitspielen, stürmt es vielleicht einfach ins Spielgeschehen und rennt alles um. Das versetzt die anderen natürlich in Aufruhr – dabei wollte das Kind doch nur dabei sein. Andere Kinder bleiben einfach stehen und schauen den anderen nur zu, obwohl sie gerne mitspielen möchten. Sie wissen nicht, wie sie es anstellen sollen. Hier folgen ein paar Tipps, um den Kindern diesen Schritt leichter zu machen:

- **Halten Sie gleiches oder ähnliches Spielzeug bereit.** Das Nachahmen ist eine wichtige Spielmethode von Kleinkindern. Deshalb sollten Sie Spielzeug bereitstellen, mit dem das möglich ist.
- **Machen Sie das Kind darauf aufmerksam, was die anderen tun.** Helfen Sie dem Kind herauszufinden, was es parallel zu den anderen Kindern tun kann. Die meisten Kleinkinder spielen nebeneinander her und tun gern das Gleiche wie die anderen. Wenn Kinder in der Sandkiste schaufeln, holen Sie dem Kind, das nicht mitspielt, ebenfalls Eimer und Schaufel, damit es nichts Unangebrachtes tut, wie zum Beispiel mit dem Dreirad in die Sandkiste zu fahren.
- **Spielen Sie mit.** Spielen Sie parallel zu dem Kind, das gern mitspielen möchte, oder zwischen dem Kind und der Gruppe, mit der es spielen möchte. Die anderen Kinder wollen wahrscheinlich, dass Sie bei ihnen mitspielen, weil ein Erwachsener immer ein attraktiver Spielpartner ist. Beziehen Sie das neue Kind mit ein, wenn Sie in der Gruppe mitspielen. Wenn dann nach und nach alle beteiligt sind, ziehen Sie sich allmählich zurück und beobachten Sie die Kinder.
- **Bringen Sie den Nicht-Spieler mit einem erfahrenen Spieler zusammen.** Vielleicht gibt es ein Kind in Ihrer Gruppe, das eine besonders hohe soziale Kompetenz hat und gerne in einem bestimmten Bereich spielt. Sie könnten einem neuen Kind diesen Bereich zeigen und alles weitere dem anderen Kind überlassen: Es holt dem Kind z. B. etwas zum Verkleiden und schlägt ihm eine Rolle vor. Auch hier können Sie das Geschehen wieder als Mitspielerin moderieren und vereinfachen.
- **Machen Sie die Kinder darauf aufmerksam, wenn jemand mitspielen möchte.** Ermuntern Sie die spielenden Kinder nachzuschauen, ob ein anderes Kind zuschaut und mitspielen möchte. *„Seht mal, Lisa schaut euch zu. Ich glaube, sie würde gerne mit euch spielen."* Eine solche Äußerung reicht häufig aus, um ein Kind in die Gruppe zu integrieren. Für gewöhnlich haben Kleinkinder noch nicht die Haltung „Du darfst nicht mitspielen" entwickelt.

- **Tun Sie etwas, das Spaß macht, und warten Sie ab, wer mitmachen möchte.** Wenn das Spiel in Gang kommt, können Sie sich zurückziehen. Zu Musik tanzen, einen Ball von einer Rampe rollen lassen oder Stühle aufreihen, um „Bus" zu spielen, sind nur einige Beispiele für solche spontanen Spielaktionen.

- **Machen Sie bei spontanen Spielaktionen der Kinder mit**, dann kommen vielleicht noch andere Kinder dazu. Ziehen Sie sich auch dabei allmählich in die Beobachterrolle zurück. Ein Beispiel: Ein oder zwei Kinder sitzen auf einem Baumstamm auf dem Spielplatz. Eines lässt sich absichtlich nach hinten fallen und streckt seine Füße in die Luft. Das andere Kind macht es ihm nach. Nun könnten Sie sagen: *„Das scheint ja richtig Spaß zu machen. Ich glaube, das möchte ich auch mal versuchen."* Dann machen vielleicht noch andere Kinder mit und schon läuft ein großartiges Spiel für die ganze Gruppe, das sich die Kinder selbst ausgedacht haben. Sie zeigen neuen Mitspielern, wie man die anderen beobachtet und mitmacht.

- **Loben Sie gutes Spielverhalten.** Nehmen Sie es lobend zur Kenntnis, wenn sich ein Kind erfolgreich in eine Spielsituation integriert oder andere Kinder jemanden einbeziehen, der sie beobachtet hat: *„Das war sehr lieb von euch." „Da freut sich Karla aber."*

- **Bieten Sie Aktivitäten an, bei denen Kinder gut gemeinsam mitmachen können.** Kinder entwickeln ein freundschaftliches Verhältnis, wenn sie sich einen Platz mit Spielangeboten teilen und damit gute Erfahrungen machen. Das hilft bei der Bewältigung etwas schwierigerer Situationen. An Aktivitäten wie den folgenden können Kinder problemlos mit anderen zusammen teilnehmen: Malen mit Rasiercreme auf dem Tisch, Kritzeln auf großen Papierbögen, die auf dem Tisch oder an der Wand festgeklebt werden, Gegenstände wie Plastikflaschendeckel und laminierte Fotos auf Klebefolie kleben. (Befestigen Sie hierzu die Klebefolie mit der haftenden Seite nach außen an der Wand.) Seifenblasenmachen oder Spiele zur sensorischen Wahrnehmung zählen auch zu einfachen Aktivitäten, an denen Kinder problemlos gemeinsam teilnehmen können.

- **Nachahmungsspiele erleichtern Kindern das Mitmachen.** Imitation ist eine typische Spielform von Kleinkindern und daher ganz normal für sie. Achten Sie darauf, wenn sich ein Kind auf interessante Art und Weise bewegt oder ein lustiges Geräusch macht, und machen Sie es nach. Die anderen Kinder werden es Ihnen bald darauf nachmachen.

Aktivität für Übergänge

Das Nachahmungslied

Kinder lieben dieses Lied und bewegen sich gern dazu. Singen Sie es spontan im Innen- oder Außenbereich zu der Melodie von „Brüderchen, komm, tanz mit mir", wenn Sie das Gefühl haben, dass die Kinder eine Gemeinschaftsaktivität nötig haben. Sie können das Lied auch als Kreissingspiel mit der ganzen Gruppe singen. Dann kann jedes Kind einmal in der Mitte stehen.

Schau mal, was ich alles kann, alles kann und alles kann,
einmal hin, einmal her. Machst du mit? Das ist nicht schwer.
Guck mal, wie Max tanzen kann, tanzen kann und tanzen kann,
guck mal, wie Max tanzen kann, kannst du das genauso gut?

Schau, wie Anja hüpfen kann, hüpfen kann und hüpfen kann,
schau, wie Anja hüpfen kann – kannst du das genauso gut?

Freundschaften unter Kleinkindern

Bei der Betrachtung der Spielfertigkeiten der Kinder lohnt es sich, kurz vom Thema „Übergänge" abzukommen, um einen kleinen Exkurs zum Thema „Freundschaften unter Kleinkindern" zu unternehmen. Wenn Kinder „Freunde" sind, ist die Wahrscheinlichkeit, dass sie gut zusammen spielen, viel größer. Aber Freundschaften sind etwas Neues für die Kinder, etwas, womit sie noch keine Erfahrung haben. Sie profitieren also davon, wenn Sie ihnen etwas Nachhilfe geben. Und Sie können sicher sein, dass die Kinder großes Interesse an anderen Kindern haben und unbedingt Freunde haben möchten.

Wie freunden sich Kleinkinder an?

Vertrautheit hilft Kleinkindern, Freundschaften einzugehen. Daher sollten Sie eine feste Gruppenbesetzung haben. Wenn die Kinder jeden Tag mit derselben Gruppe interagieren, lernen sie, worauf sie sich einstellen können. Kleinkinder mögen vertraute und vorhersehbare Dinge. Das Gefühl von Vertrautheit wird gefördert, wenn die Erzieherinnen den Kindern beibringen, wie sie sich zu einem bestimmten Lied bewegen können, oder ihnen Mützen aufsetzen, wenn sie nach draußen gehen.

Kleinkinder können sich bereits gut verbal ausdrücken, der Gebrauch von Worten ist für sie jedoch noch längst nicht die entscheidende Form der Kommunikation. Sie können noch nicht auf einen potenziellen Spielpartner zugehen und sagen: *„Hey, möchtest du mit mir da rübergehen und mit den Bauklötzen spielen?"* Stattdessen arbeiten sie mit nonverbalen Hinweisen. Sie stellen Blickkontakt zu dem anderen Kind her. Manchmal lächeln sie es auch an. Außerdem nähern sie sich dem potenziellen Freund/der potenziellen Freundin. Sie imitieren das, was der gewünschte Freund/die gewünschte Freundin macht, oder sie tun etwas, um Aufmerksamkeit zu erlangen. Das kann zum Beispiel ein wildes Kichern oder ein lustiges Geräusch sein oder sie lassen sich fallen und lachen. Wenn sie damit Erfolg haben, bemerkt das andere Kind die Aktion und macht mit.

Wie wirkt sich die Freundschaft auf das Spielen aus?

Die Qualität des kindlichen Zusammenspiels erhöht sich, wenn Kinder Freunde sind. Sie spielen länger und intensiver zusammen und schöpfen dabei ein breiteres Spektrum an Ideen aus. So entsteht Synergie. Das einzelgängerische Spielen von Babys hat natürlich seine Berechtigung. Wenn sie alleine mit etwas spielen, entwickeln sie kognitive und motorische Fertigkeiten. Spielen sie parallel zu anderen und interagieren sie mit anderen Kindern, erwerben sie zusätzlich zu den kognitiven und motorischen auch soziale und kreative Fertigkeiten.

Das soll nicht bedeuten, dass befreundete Kleinkinder nicht streiten. Natürlich tun sie das und das hat auch seine positiven Seiten. Jemandem ein Freund oder eine Freundin zu sein, heißt auch, streiten oder Konflikte bewältigen zu lernen. Wenn ein Kind ein freundschaftliches Verhältnis zu einem anderen Kind pflegt, empfindet es intensiver und lernt schneller die Konsequenzen von gutem und schlechtem Verhalten kennen.

Ihr Wunsch, einander nah und ähnlich zu sein, führt zu den typischen kleinkindlichen Spielverhaltensweisen: imitieren, parallel zueinander spielen und sich zusammenscharen. Das Imitieren ist ihre Methode, sich einander vorzustellen. *„Hallo, ich bin wie du, ich kann das auch."* Parallel zueinander spielen heißt, dass die Kinder nebeneinander oder nah beieinander das Gleiche tun. Ein Beispiel: Mehrere Kinder graben zusammen im Sand, eines von ihnen fängt an, ein Geräusch zu machen, und die anderen machen es nach.

Das Thema „Gruppentrieb" wird auf Seite 91 näher behandelt.

Wie können Erwachsene Freundschaften unter Kindern fördern?

Bringen Sie den Kindern die Namen anderer Kinder bei. Es ist einfacher, befreundet zu sein, wenn man weiß, wie das andere Kind heißt. Nennen Sie ihre Namen, wenn Sie mit ihnen sprechen, und wählen Sie Lieder und Spiele aus, bei denen Sie die Namen der Kinder einsetzen können. Fotobücher wie „Ein Buch über uns" (auf S. 58) oder das „Wer ist heute da?"-Spiel (auf S. 69) sind gute Möglichkeiten, die Namen der Kinder zu wiederholen.

„Übersetzen" Sie Worte, Gesichtsausdrücke und Gefühle, um den Kindern das Kommunizieren zu erleichtern: *„Max, Karla möchte neben dir sitzen."*, *„Da hat sich Thomas aber gefreut, als du ihm seinen Teddy gebacht hast. Das war lieb von dir."* oder *„Schau mal, wie Lisa lächelt. Sie freut sich, dass du ihr etwas von deiner Knetmasse abgegeben hast."*

Warum ist es wichtig, dass Kleinkinder Freunde haben?

Freundschaften fördern Lernprozesse, denn die Kinder lernen voneinander. Der wichtigste Aspekt dabei ist, dass sie unter behutsamer Anleitung durch Erwachsene das erforderliche Geben und Nehmen bzw. die Kompromissbereitschaft erlernen, um miteinander auszukommen. Diese Fertigkeiten brauchen wir ein Leben lang.

Schlechtes Sozialverhalten, wie andere schikanieren und verletzen, zieht einen Schneeballeffekt nach sich, wenn nicht schon früh (im Kleinkind- und Kindergartenalter) korrigierender Einfluss genommen wird. Ein grobes Kleinkind wird schnell zum gemeinen Kindergartenkind, das andere Kinder meiden.

Das Kind fühlt sich ausgegrenzt, zunehmend hilfsbedürftiger und benimmt sich häufig unangemessen. Es gerät so in einen Teufelskreis, der sich im Schulkindalter deutlich schwerer durchbrechen lässt. Letztendlich hat dies negative Auswirkungen auf das Selbstwertgefühl und die Lernfähigkeit des Kindes. Ändern Sie solche Verhaltensweisen so früh wie möglich und bringen Sie den Kindern bereits im Kleinkindalter einen freundschaftlichen Umgang miteinander bei.

- **Bauen Sie Gemeinsamkeiten auf.** Bringen Sie den Kindern einfache Lieder, Spiele und Rituale bei und bieten Sie Aktivitäten an, die sie gemeinsam unternehmen können.
- **Geben Sie ihnen ähnliche Kleidung.** Zwei Kinder, die ganz unterschiedlich aussehen, sehen plötzlich gleich aus (zumindest empfinden sie es so), wenn sie z. B. Feuerwehrhelme aufhaben. Wenn die Kinder draußen alle Kopfbedeckungen tragen, kommen leichter Freundschaften zustande und außerdem sind sie vor der Sonne geschützt.
- **Halten Sie die Gruppen zusammen.** „Versetzen" Sie Kinder gemeinsam mit ihren Freunden z. B. vom Krippen- in den Kindergartenbereich.
- **Unterstützen Sie das Imitieren.** Zeigen Sie den Kindern, wie sie nachmachen können, was ein anderes Kind tut.
- **Bringen Sie den Kindern die Namen der anderen bei**, indem Sie die Kinder beim Namen nennen, wenn Sie mit ihnen sprechen.
- **Benutzen Sie häufig die Worte „Freund/-in" und „freundlich".**
- **Ermutigen Sie die Kinder, einander zu helfen.**
- **Planen Sie Aktivitäten, die soziales Verhalten fördern.** Wählen Sie möglichst viele Aktivitäten aus, die gemeinsam mehr Spaß machen als allein. So kommen positive Interaktionserlebnisse zustande. Beispiele: Wippe oder andere Schaukelgeräte für Kleinkinder, einfache Kreisspiele wie „Der Fuchs geht um" oder Ballspiele.
- **Lesen Sie Bücher über Freundschaften vor.** Legen Sie am besten eine Sammlung von Bilderbüchern an, da dieses Thema bei Kleinkindern sehr beliebt ist.

Aktivitäten für Übergänge

Bücher zum Thema „Freundschaft" vorlesen

Es folgt eine Liste mit Bilderbuchtiteln zum Thema „Freundschaft". Wenn Sie den Kindern diese Geschichten vorlesen, lernen sie etwas über das Geben und Nehmen, das für ein freundschaftliches Verhältnis erforderlich ist. Sprechen Sie mit den Kindern darüber. Sie können die Kinder auch Szenen aus dem Buch nachspielen lassen.

Der rote Max von Eric Battut, Verlag: Bohem Press

Vier Freunde vom Bauernhof von Annet Rudolph, Verlag: Oetinger

Willst du mein Freund sein? Farben suchen und entdecken von Ana Weller und Rosemarie Künzler-Behncke, Verlag: Ravensburger

Die Überraschung von Sylvia van Ommen, Verlag: Sauerländer

Zwei dicke Freundinnen von Kathrin Schärer, Verlag: Sauerländer

Sei nicht traurig, Monty Maulwurf von Greta Carolat und Susanne Mais, Verlag: Arena

So wie du! von Stefan Gemmel und Marie-José Sacré, Verlag: Bohem Press

Gustav & Ida – So brav kann doch kein Schwein sein von Sibylle Rieckhoff und Eva Czerwenka, Verlag: Arena

Ellie und Elvis von Vivian French, illustriert von Michael Terry, Verlag: Bloomsbury

Klein Bibi und der Bär von Angela McAllister und Tiphanie Beeke, Verlag: Ravensburger

Selbst gemachtes Buch zum Thema „Freundlichkeit"

Das brauchen Sie

- ein kleines Fotoalbum oder Buch aus Gefrierbeuteln mit Zippverschluss (eine Art Reißverschluss), siehe S. 25
- eine Kamera oder Zeichenmaterial

Das bereiten Sie vor

Wählen Sie eine einfache freundschaftliche Geste aus, die Sie bei den Kindern beobachtet haben. Gestalten Sie für das selbst gemachte Buch mehrere Seiten, auf denen Sie die freundliche Geste bzw. den Ablauf der Geschichte beschreiben.

Beispiel:

Seite 1: Karla ist hingefallen und hat sich am Knie wehgetan.
Seite 2: Jan hat gesehen, dass Karla weint. Er möchte etwas tun, damit sie sich wieder besser fühlt.
Seite 3: Frau Schmidt wäscht Karlas Knie und klebt ein Pflaster darauf.
Seite 4: Jan hat Karla ihr Häschen geholt.
Seite 5: Karla fühlt sich besser.

Sie können entweder mit Fotos arbeiten (vielleicht posieren die Kinder sogar für Sie) oder einfache Zeichnungen anfertigen.

Das tun Sie

Lesen Sie den Kindern das Buch vor und sprechen Sie mit ihnen über nette Gesten, die man für andere tun kann.

Der Übergang von einer Spielaktivität zur nächsten

Erwachsenen fällt es normalerweise schwerer, von einer Aktivität zu einer anderen überzugehen, als Kindern. Um Frustrationen zu vermeiden, empfiehlt sich eine realistische Erwartungshaltung. Kinder können uns zwar mit beachtlichen Konzentrationsspannen verblüffen, aber es ist doch eher typisch für sie, dass sie für kurze Zeit mit etwas spielen und dann zu etwas anderem übergehen. Ein Grund dafür ist, dass sie sich leicht ablenken lassen. Erwarten Sie nicht, dass sie erst einmal zu Ende bringen oder wegräumen, was sie begonnen haben, bevor sie mit etwas Neuem beginnen. Als Erzieherin können Sie das Kind begleiten und ihm beim Aufräumen helfen oder Sie entscheiden, das Spiel nicht zu unterbrechen und räumen die Sachen selbst weg. Für Kleinkinder ist es nicht weiter schlimm, wenn sie von einer Aktivität zur nächsten übergehen. Sie sind Forscher und sollten das Gefühl haben, dass sie in ihrer Umgebung freie Bahn haben und eigene Entscheidungen treffen können, selbst ganz spontane.

- **Machen Sie mit.** Spielen Sie mit dem Kind, während es sich mit einem Spielzeug beschäftigt. Das erhöht seine Ausdauer mit dem Spielzeug erheblich.
- **Überfordern Sie das Kind nicht.** Bieten Sie nur eine begrenzte Auswahl an Spielzeug an, damit das Kind nicht ständig abgelenkt ist.
- **Vermeiden Sie zu viel visuelle Ablenkung.** Stellen Sie niedrige Raumteiler auf, sodass zahlreiche kleine Nischen und Ecken entstehen, in denen Kinder spielen können.

Miteinander teilen und einander abwechseln

In diesem Abschnitt geht es um den Übergang von „etwas haben" zu „etwas nicht haben" bzw. mit jemand anderem etwas zu teilen („meins" und „deins"). Kann man Miteinanderteilen und Einanderabwechseln als Übergänge betrachten? Durchaus, denn sie stehen für den Übergang vom alleine Spielen zum Spielen mit anderen Kindern, vom Einzelgänger zum sozialen Wesen. Auf jeden Fall findet hier ein wichtiger Lernprozess statt. Das Vorurteil, dass Kleinkinder nicht miteinander teilen und sich nicht abwechseln können, stimmt nicht. Es sind jedoch neue Fertigkeiten und Kompetenzen, die sie gerade erst lernen. Sie brauchen daher eine Menge Unterstützung von Ihnen. Sie müssen ihnen viele Erfolgserlebnisse beim miteinander Teilen und einander Abwechseln verschaffen. Sprechen Sie anschließend mit den Kindern darüber, wie sie Materialien teilen oder einander abwechseln können, damit sie es bewusst tun. Die Kinder werden beim Spielen mit anderen Kindern immer öfter spontan eigene Strategien entwickeln, wenn Sie solche Erlebnisse wiederholen.

- **Beschäftigen Sie das wartende Kind mit einer interessanten Aufgabe.** Einem Kind fällt das Warten leichter, wenn es sich mit einer interessanten Sache beschäftigen kann, wie zum Beispiel einen neuen Ball zu schießen oder mit der Erzieherin zu spielen, anstatt bei der begehrten Aktivität zuschauen zu müssen.
- **Halten Sie mehrere Exemplare beliebter Spielsachen bereit.** Kleinkinder machen gern andere Kinder nach. Es ist eine ihrer Vorgehensweisen, um Freundschaften herzustellen oder mit anderen Kindern Kontakt aufzunehmen. Wenn Sie also mehrere sehr ähnliche Spielsachen haben, wie zum Beispiel Spielzeugeinkaufswagen oder Hüte, können die Kinder etwas gemeinsam machen und dabei viel Spaß haben. Sonst müssten sie warten, bis sie wieder an der Reihe sind.
- **Bringen Sie dem Kind bei, wie man fragt, ob man auch mal spielen darf.** Sie können dem Kind sogar eine passende Formulierung an die Hand geben.
- **Sorgen Sie dafür, dass das Anliegen auch gehört wird.** Manchmal spricht das fragende Kind nicht laut genug oder ist schwer zu verstehen. Machen Sie das andere Kind auf das Anliegen aufmerksam: *„Karla, hast du gehört, was Thomas gesagt hat? Er sagt, er möchte gerne mit dem Roller fahren, wenn du fertig bist. O.K.?"*
- **Loben Sie die Kinder, wenn sie sich mit anderen ein Spielzeug teilen.**

Aktivitäten für Übergänge

Ein Buch zum Thema „Teilen“ vorlesen und nachspielen

Das brauchen Sie

- ein Bilderbuch zum Thema „Teilen“ oder „Einanderabwechseln“, wie zum Beispiel „Häschen lernt teilen“ von Maribeth Boelts und Kathy Parkinson, Verlag: Coppenrath, oder ein anderes von der Liste auf Seite 83
- ein paar ausgewählte Gegenstände, die in der Geschichte vorkommen

Das tun Sie

Lesen Sie das Bilderbuch einer kleinen Gruppe von Kindern vor. Sprechen Sie darüber, wie sich die Figuren fühlen, und machen Sie die Kinder auf deren Gesichtsausdrücke aufmerksam. Dann spielen Sie eine Runde „Stell dir vor“: *„Stell dir mal vor, du bist jetzt der kleine Hase aus dem Buch. Hier, du darfst den Werkzeugkoffer festhalten, genau wie in der Geschichte.“* Dann lesen Sie die Geschichte noch einmal vor und helfen den Kindern nachzuspielen, was gerade passiert.

Die Kinder reflektieren auf der sprachlichen Ebene und im szenischen Spiel, wie man Dinge teilt oder sich abwechselt. Die Kinder sind bei der Geschichte weniger emotional involviert als bei ihren eigenen Erlebnissen. Auf diese Weise können sie damit besser umgehen. Wenn Sie später beobachten, dass die Kinder teilen (oder auch nicht), können Sie an die Geschichte erinnern, die Sie ihnen vorgelesen haben.

Selbst gemachtes Buch zum Thema „Teilen“

Das brauchen Sie

- ein kleines Fotoalbum oder Buch aus Gefrierbeuteln mit Zippverschluss (eine Art Reißverschluss), siehe S. 25
- eine Kamera

Das tun Sie

Fotografieren oder zeichnen Sie eine typische Situation aus Ihrer Gruppe zum Thema „Teilen“ in chronologischer Reihenfolge. Die Kinder könnten für Sie posieren. Eine Geschichte könnte „Max teilt die Knetmasse mit den anderen“ heißen und ungefähr folgendermaßen ablaufen:
Seite 1: Max spielt mit Knetmasse.
Seite 2: Lisa ist traurig, weil sie keine Knetmasse hat. Sie schaut Max an.
Seite 3: Max reißt ein bisschen von seiner Knetmasse ab und gibt sie Lisa.
Seite 4: Max und Lisa lächeln. Sie sind glücklich, weil sie nun beide Knetmasse haben.

Die Handpuppe lernt, wie man mit anderen teilt

Das brauchen Sie

- eine Handpuppe
- etwas zum Teilen, wie z. B. Müsli, Rosinen oder Wachsmalstifte

Das tun Sie

Denken Sie sich ein Mini-Theaterstück aus, in dem Ihre Handpuppe unglücklich ist – entweder, weil sie etwas hat, das sie nicht mit anderen teilen möchte, oder weil jemand nicht mit ihr tei-

len möchte. Ihre Handpuppe könnte zum Beispiel mit einer Packung Rosinen erscheinen und sagen:
[Name der Handpuppe]: *„Ich bin sooo glücklich! Meine Mama hat mir Rosinen zum Naschen mitgegeben."*
Sie: *„Das ist ja toll, wir lieben Rosinen. Gibst du uns ein paar ab?"*
[Name der Handpuppe]: *„Aber das sind meine! Ich möchte sie alleine aufessen!"*
Sie: *„Schau dir mal deine Freunde an. Sie sind ganz traurig, weil du nicht mit ihnen teilen willst."*
[Name der Handpuppe]: *„Na gut, dann bekommt ihr alle ein paar ab."*

Dann lassen Sie die Handpuppe jedem Kind ein paar Rosinen geben.

Sie: *„Na, nun sieh' dir noch mal diese Gesichter an, [Name der Handpuppe]. Alle freuen sich. Und weißt du was? Nun teilen wir auch etwas mit dir. Du bekommst ein paar Wachsmalstifte von uns und kannst uns beim Malen helfen."*

Fragen Sie die Kinder anschließend, wie sie sich fühlen.

Viele Teile, viel zum Teilen

Das brauchen Sie
- Spielzeug mit allerlei Einzelteilen, z. B. Lego®-Steine für Kleinkinder (Duplo®)
- Wachsmalstifte
- eine Kiste mit vielen Spielzeugautos oder Wäscheklammern

Das tun Sie
Ermuntern Sie zwei, drei Kinder, die Spielmaterialien miteinander zu teilen und gemeinsam zu spielen oder zumindest nebeneinander zu spielen. Lassen Sie die Handpuppe erscheinen, wenn die Kinder miteinander teilen, und sagen Sie: *„Siehst du, [Name der Handpuppe]. Die Jungs teilen sich die Autos. So geht das. Wenn man miteinander teilt, macht das Spielen noch mehr Spaß."*

Weitere Möglichkeiten
Lassen Sie die Kinder im Außenbereich mit Wasser und Pinsel eine Wand anmalen. Ermuntern Sie die Kinder, sich beim Malen einen Eimer Wasser zu teilen. Sie können auch jedem Kind ein Schwämmchen geben, mit dem es Wasser über die Wand verteilen kann.

Einen Platz teilen

Das brauchen Sie
- einen großen Bogen Papier oder eine Tischplatte
- Fingerfarbe

Das tun Sie
Sagen Sie den Kindern, dass sie sich beim Malen mit Fingerfarben, Wachsmal- oder dicken Buntstiften einen großen Bogen Papier oder die Tischplatte teilen sollen. Machen Sie deutlich, dass es

mehr Spaß macht, etwas mit Freunden zusammen zu tun und sich einen Arbeitsplatz zu teilen. Auch bei Wasserspielen oder beim Spiel zur sensorischen Wahrnehmung können sich die Kinder gut den Platz teilen.

Die Handpuppe lernt, sich mit anderen abzuwechseln

Das brauchen Sie

- eine Handpuppe
- einen Ball

Das tun Sie

Die Kinder sitzen im Kreis und rollen einen Ball hin und her, während Sie die Handpuppe halten. Wenn der Ball zu Ihnen kommt, lassen Sie die Handpuppe den Ball festhalten und nicht wieder zurückrollen. Die Puppe sagt zum Beispiel: *„Ganz schön langweilig, hier einfach so mit dem Ball herumzusitzen."* Dann erklären Sie: *„Du verstehst es nicht, [Name der Handpuppe]. Ihr sollt euch mit dem Ball abwechseln. Das heißt, wenn du den Ball bekommst, lässt du ihn zu einem anderen Kind rollen. Dann rollt ihn wieder jemand zu dir und du bist wieder dran. So kann jeder Spaß mit dem Ball und mit den anderen zusammen haben."* Die Handpuppe rollt den Ball weg und sobald er wieder zurückkommt, freut sie sich ganz doll. Jetzt kann die Handpuppe zeigen, dass sie verstanden hat, wie es geht, und Sie loben sie dafür: *„Prima, [Name der Handpuppe]! Nun weißt du, wie man sich abwechselt. So macht es viel mehr Spaß, oder?"*

Wir lernen bei einem Kreisspiel, wie man sich abwechselt

Das brauchen Sie

- eine Eieruhr oder einen Wecker
- einen kleinen Teppich
- Musik

Das tun Sie

Erzählen Sie den Kindern Folgendes: *„Heute wechseln wir uns beim Tanzen ab."* Lassen Sie die Kinder abwechselnd auf dem kleinen Teppich zur Musik tanzen. Dazu stellen Sie die Eieruhr oder den Wecker auf eine sehr kurze Zeit ein, nach Möglichkeit auf 30 Sekunden. Loben Sie die Kinder, wenn sie sich wieder hinsetzen und ein anderes Kind tanzen lassen, sobald die Uhr klingelt.

Wir lernen, wie man sich draußen abwechselt

Das brauchen Sie

- eine Eieruhr oder einen Wecker
- ein beliebtes Fahrzeug, z. B. ein Dreirad

Das tun Sie

Beim Spielen auf dem Spielplatz sagen Sie zu den Kindern: „Wir üben heute, wie man sich beim Dreiradfahren abwechselt. Wer möchte mitspielen?" Lassen Sie die Kinder zunächst mit der Eieruhr oder dem Wecker spielen und beobachten Sie, ob sie es schaffen, den Timer zu stellen. Lassen Sie nun ein Kind mit dem Dreirad fahren, während die anderen Kinder Ihnen beim Zeiteinstellen helfen. Spielen Sie so lange weiter, bis jedes Kind an der Reihe war. Sie sollten auf alle Fälle mitspielen und die Kinder dazu anhalten, dass sie einander abwechseln.

Handpuppenkommentare

Das brauchen Sie
eine Handpuppe

Das tun Sie
Lassen Sie die Handpuppe alles kommentieren, was in Sachen Miteinanderteilen oder Einanderabwechseln stattfindet. *„Hey, das ist wirklich interessant! Karla und Jan können gemeinsam mit dem Roller spielen. Seht euch das mal an. Karla hat Jan gefragt, ob sie auch mal fahren darf. Jan hat gesagt: ‚Wenn ich fertig bin.' Dann hat er noch eine Runde gedreht. Anschließend ist er abgestiegen und hat Karla hochgeholfen. Nun fährt Karla eine Runde."* Sie oder die Puppe können solche Vorgänge entweder sofort kommentieren oder später im Stuhlkreis oder beim Mittagessen darüber berichten.

Bilderbücher zum Thema „Teilen" vorlesen

Häschen lernt teilen von Maribeth Boelts und Kathy Parkinson, Verlag: Coppenrath

Fabian teilt mit Marie von Achim Bröger, illustriert von Irmgard Paule, Verlag: Arena

Hoppla! sagt Olli Bär von Tony Kenyon, Verlag: Pestalozzi

„Der hat aber mehr!" von Stephanie Roehe, Verlag: Michael Neugebauer Edition

Meins ganz allein von Annegert Fuchshuber, Verlag: Gabriel

Das Einfachsogeschenk von Karl Rühmann und Martina Badstuber, Verlag: Annette Betz

Bille haben will von Margarete Stephan und Michael Wrede, Verlag: Sauerländer

Aufräumen

In einem unordentlichen Raum können Kinder nicht konzentriert spielen. Sie lassen sich dann noch leichter ablenken als sonst. Zu bestimmten Zeiten sollten Sie daher alles wegräumen und den Raum wieder in Ordnung bringen, zum Beispiel, bevor Sie mit der Gruppe nach draußen gehen. Wenn die Kinder in einen unordentlichen Raum zurückkommen, nachdem sie draußen waren, werden sie höchstwahrscheinlich so chaotisch spielen, dass Sie keine freie Spielphase anbieten können. Bringen Sie den Raum auch vor dem Mittagessen auf Vordermann, damit der Übergang zum Mittagsschlaf und das Ende des Tages reibungslos verlaufen.

Überraschenderweise ist das Aufräumen mit Kleinkindern oft weniger problematisch als mit Kindergartenkindern. Für die Kleinen kann es einfach ein Teil dessen sein, was jeden Tag in der Kindertagesstätte passiert. Tatsächlich erledigen natürlich die Erwachsenen den Großteil des Aufräumens. Machen Sie es sich leichter, indem Sie schon während der Spielzeit Dinge wegpacken und aufräumen, anstatt damit zu warten, bis tatsächlich aufgeräumt werden muss. Achten Sie dabei auf Ihre Ausstrahlung: Wenn Sie die Spielsachen gut gelaunt und mit einer positiven Einstellung wegräumen, werden es Ihnen die Kinder eher gleichtun wollen, als wenn Sie das Gesicht verziehen und von einem „Chaos" sprechen.

- **Lassen Sie die Handpuppe helfen.** Handpuppen können ausgezeichnet beim Aufräumen helfen. Sie können Dinge aufheben und einem Kind reichen, das sie dann in eine Kiste oder ein Regal legt. Achten Sie darauf, dass die Handpuppe nur Kindern hilft, die sich am Aufräumen beteiligen. Da alle Kinder die Aufmerksamkeit der Puppe auf sich ziehen möchten, wird wahrscheinlich jedes gern mithelfen wollen.
- **Bohren Sie Löcher in die Deckel der Aufbewahrungsboxen.** Bewahren Sie Spielzeug mit vielen kleinen Einzelteilen in einer großen Kiste mit Deckel auf. Schneiden Sie ein Loch in den Deckel. Kleinkinder stecken furchtbar gern Dinge durch Löcher hindurch. So macht das Aufräumen der Spielsachen viel mehr Spaß.
- **Kleben Sie eine Abbildung des Spielzeugs auf die Kiste und an das Regal, wo es hingehört.** Wenn das Aufräumen zum Zuordnungsspiel wird, fällt es Kindern leichter, die Dinge in die richtige Kiste zu packen und sie wieder korrekt einzuräumen.
- **Halten Sie zusätzliche Schwämme und Wischtücher bereit, damit die Kinder Sie imitieren können.** Alles, was mit Wasser zu tun hat, zieht Kleinkinder magisch an – selbst ein feuchter Schwamm. Mit dem Abwischen einer Tischplatte kann sich ein Kleinkind schon ausgiebig spielerisch beschäftigen, bevor es Zeit wird, aufzuräumen.

Aktivitäten für Übergänge

Aufräummusik

Das brauchen Sie
- Musik
- einen CD-Spieler oder Kassettenrekorder

Das tun Sie
Wählen Sie flotte und fröhliche Instrumentalstücke aus, die Sie als nonverbales Signal für das Aufräumen benutzen können. Klassische Musik eignet sich zum Beispiel sehr gut. Spielen Sie zur Aufräumzeit immer dasselbe Stück. Mit etwas Hilfe und Unterstützung von Ihnen werden die Kinder schon bald von selbst anfangen, die Spielsachen wegzuräumen, wenn sie die vertraute Melodie hören.

Das Aufräumlied

Singen Sie das folgende Liedchen zu der Melodie von „Alle meine Entchen":

Aufräum-, Aufräum-, Aufräumzeit,
wir packen alles weg, packen alles weg.
|: *In Kistchen und in Kästchen,*
gemeinsam geht's am besten. :|

Das tun Sie
Singen Sie das Lied immer wieder, während Sie den Kindern beim Aufräumen helfen. Die Kinder können mitsingen und lernen dabei ein weiteres nonverbales Signal kennen, das deutlich macht, was von ihnen erwartet wird.

Das Aufräumsortierspiel

Das brauchen Sie
einen oder mehrere Wäschekörbe

Das tun Sie
Beim Aufräumen sollen die Kinder alle Dinge, die am Boden liegen, in die Wäschekörbe legen. Wenn dann nichts mehr auf dem Boden liegt, stellen sich die Kinder um die Wäschekörbe herum auf. Nehmen Sie ein Teil nach dem anderen heraus und fragen Sie jedes Mal: *„Wer weiß, wohin dieses Teil gehört?“* Dann reichen Sie es einem Freiwilligen an und alle Kinder klatschen, wenn sie oder er es an den richtigen Platz gelegt hat. So verfahren Sie mit allen Spielsachen, bis die Körbe leer sind. Wahrscheinlich müssen Sie für diese Form des Aufräumens etwas mehr Zeit als sonst einplanen, aber es ist eine sehr gute kognitive Übung für die Kinder. Wenn alles weggepackt wurde, klatschen die Kinder und schauen, wie ordentlich der Raum nun aussieht. Das Spiel funktioniert auch sehr gut auf dem Spielplatz.

Weitere Möglichkeiten
Statt eines Wäschekorbs können Sie auch einen Wagen oder Karren verwenden. Kleinkinder lieben Gegenstände mit Rädern oder Rollen. Sie können den Wagen dann beim Einladen der Spielsachen durch den Raum schieben.

Der sprechende Staubsauger

Das brauchen Sie
- große Wackelaugen
- Klebstoff
- rote Farbe
- einen Staubsauger

Das bereiten Sie vor
Kleben Sie dem Staubsauger die Wackelaugen auf und malen Sie einen Mund dazu, damit er ein Gesicht bekommt.

Das tun sie
Viele Kleinkinder haben Angst vor Staubsaugern. Bei dieser Aktivität wird aus dem röhrenden Monster ein netter Freund. Sie könnten sogar die Tür der Abstellkammer verzieren, wo „Stefan, der Staubsauger“ „wohnt“, damit sie wie ein Haus aussieht. Wenn die Spielsachen aufgeräumt werden oder Sie gerade eine Aktivität beendet haben, bei der Schmutz angefallen ist, sagen Sie den Kindern: *„Nun wird es aber Zeit, dass wir Stefan füttern, er hat Hunger.“* Wenn Sie Stefan dann aus seinem „Haus“ holen, erzählen Sie den Kindern: *„Stefan ist schon komisch. Er braucht kein Essen wie wir Menschen, sondern er frisst gern den Schmutz auf dem Boden. Und dabei macht er den Teppich für uns sauber.“* Ein paar Kinder wollen den Staubsauger dann sicher auch gern einmal schieben.

Der Kontrollzug

Das tun Sie

Wenn der Raum schon recht ordentlich ist, kommen Sie mit dem Kontrollzug. Machen Sie eine Ansage wie *„Tut, tut, hier kommt der Kontrollzug und schaut, ob alles sauber ist!"* und „fahren" Sie los. Während Sie durch den Raum gehen, kontrollieren Sie jede Ecke und nehmen Sie immer mehr Passagiere an Bord (d. h., ein Kind nach dem anderen reiht sich in die Polonaise ein). *„O.K., hier ist alles sauber, du kannst mitfahren!"* Am Ende fährt der Zug dann mit allen Passagieren in die Leseecke oder an den Mittagstisch – je nachdem, was Sie als Nächstes vorhaben.

Selbst gemachtes Buch zum Thema „Aufräumen"

Das brauchen Sie

- ein kleines Fotoalbum oder Buch aus Gefrierbeuteln mit Zippverschluss (eine Art Reißverschluss), siehe S. 25
- eine Kamera

Das bereiten Sie vor

Fotografieren Sie den Raum, wenn er unordentlich ist. Dann fotografieren Sie die Kinder bei verschiedenen Aufräumaktivitäten. Schließlich machen Sie noch ein Foto, auf dem alle lächeln und den schönen sauberen Raum bestaunen.

Platzieren Sie die Fotos in der korrekten Reihenfolge und schreiben Sie einfache Kommentare dazu. Beispiel: „Alle helfen mit."
Seite 1: Unser Raum war ganz unordentlich. Überall lagen Spielsachen.
Seite 2: Thomas hat die ganzen Autos an der Wand nebeneinander aufgereiht.
Seite 3: Karla hat den Tisch abgewischt.
Seite 4: Max hat die Lego®-Steine in die Kiste gelegt.
Seite 5: Frau Schmidt hat den Boden unter dem Tisch gewischt.
Letzte Seite: Nun ist der Raum wieder schön sauber und ordentlich!

Das tun Sie

Lesen Sie den Kindern das Buch regelmäßig vor. Vielleicht werden ihnen die Kinder daraufhin erzählen, was sie an dem betreffenden Tag gemacht haben und inwieweit es sich davon unterscheidet, was im Buch beschrieben wird. Auf diese Weise fördern Sie das Gemeinschaftsgefühl (alle helfen mit, um eine Aufgabe zu erledigen) und sorgen dafür, dass die Kinder stolz auf sich sind.

Aktivitäten im Sitzkreis

Tut man's oder lässt man's? Das ist hier die Frage. Sitzkreisaktivitäten sind zwar fester Bestandteil des Kindergartens, im Kleinkindalter sind sie jedoch nicht immer sinnvoll. Machen Sie sich klar, warum Sie es versuchen möchten, und halten Sie diese Aktivitäten auf jeden Fall kurz und einfach. Sie könnten zum Beispiel eine Geschichte vorlesen oder Rhythmusinstrumente herumreichen, mit denen die Kinder lebhaft Musik machen können. Es wird häufig angenommen, dass Aktivitäten im Sitzkreis die Sprachentwicklung fördern, der größte Nutzen liegt jedoch in der Entwicklung eines Gemeinschaftsgefühls, das dabei entsteht. So wird Kindern klar, dass sie ein wertvoller Bestandteil der Gruppe sind.

Bei der Auswahl einer Aktivität für den Sitz- oder Stuhlkreis überlegen Sie bitte genau, ob die Aktivität wirklich im Kreis stattfinden muss. Oft ist es sinnvoller, Aktivitäten mit nur einem oder zwei Kindern durchzuführen. Gemeinsames Singen und Bewegung zu Musik sind allerdings gute Beispiele für Aktivitäten, die man am besten mit der ganzen Gruppe unternimmt.

- **Einfach loslegen.** Anstatt mühsam alle Kinder zusammenzutrommeln, sie zur Ruhe zu bringen und darauf zu warten, dass sie Ihnen zuhören, tun Sie lieber Folgendes: Lassen Sie sich spontan auf den Boden fallen und fangen Sie einfach mit einem oder zwei Kindern das an, was Sie geplant haben. Die anderen versammeln sich dann meist ganz von selbst. Wenn sie es nicht tun, ist das auch in Ordnung. Sie sind ja immer noch im selben Raum und hören, was Sie den anderen erzählen. So profitieren Sie auch aus einigem Abstand von dem, was Sie tun.
- **Wählen Sie den Platz ganz bewusst aus.** Breiten Sie eine Decke auf dem Boden aus, auf der die Kinder sitzen sollen, oder wählen Sie einen bestimmten Teppich für die Sitzkreisaktivität aus.
- **Geben Sie jedem Kind einen Platz.** Wenn Sie jedem Kind ein kleines Kissen oder eine Teppichfliese geben, um darauf zu sitzen, können Kinder oft besser still sitzen.
- **Basteln Sie bebilderte Sitzplätze.** Laminieren Sie ein Foto von jedem Kind. Wenn Sie diese Fotos auf dem Boden auslegen, können Sie die Sitzordnung so festlegen, wie Sie es möchten. Nun sucht jedes Kind sein Foto und weiß, wo es sitzen soll.
- **Führen Sie ein kleines Ritual ein.** Tun Sie immer das Gleiche und immer in derselben Reihenfolge. Läuten Sie den Sitzkreis zum Beispiel mit einem bestimmten Lied ein, dann begrüßt die Handpuppe die Kinder, dann kommt das Schatzkistenspiel und schließlich eine Geschichte. Wenn Kleinkinder das Gefühl haben, sie wissen, was als Nächstes kommt, können sie viel besser mitmachen.
- **Lassen Sie die Kinder kommen und gehen.** Bleiben Sie gelassen, wenn einige Kinder aufstehen und weggehen. Wenn Sie die Kinder zwingen, sitzen zu bleiben, bekommen die Sitzkreisaktivitäten schnell einen schlechten Ruf und die Kinder sträuben sich erst recht dagegen.
- **Legen Sie ein Liederbuch an.** So erinnern Sie sich besser daran, welche Lieder Sie den Kindern schon beigebracht haben. Kleben Sie auf jede Seite ein Bild, das Text und Inhalt des Liedes repräsentiert. Legen Sie die Blätter in einen Ringbuchordner. Dann zeigen Sie den Kindern eine Seite: Wer kann raten, welches Lied sie gleich singen werden? Sie können auch auf ganz ähnliche Weise lose Karten anfertigen und in einen Karteikasten legen. Das Karteikastensystem eignet sich auch für zahlreiche Fingerspiele.
- **Noch mal, noch mal!** Kleinkinder lieben es, wenn sich bekannte Dinge wiederholen. Es gibt ihnen das Gefühl, etwas zu beherrschen und unter Kontrolle zu haben. Zögern Sie also nicht, was auch immer Sie gerade getan haben, noch einmal zu wiederholen, wenn Sie noch Zeit haben. Insbesondere dann, wenn die Kinder Sie darum bitten.
- **Sorgen Sie für geregelte Abläufe.** Die Kinder sollten nach einer bestimmten Aktivität nicht einfach im Raum toben, sondern nach einem bestimmten Schema zur nächsten Aktivität übergeleitet werden. Ihre Handpuppe könnte zum Beispiel ein Kind nach dem anderen zum Händewaschen, Jackeanziehen oder zu jedem beliebigen anderen Tagesordnungspunkt aufrufen, der als Nächstes ansteht. Eine weitere Mitarbeiterin sollte die Kinder dort in Empfang nehmen, wo die nächste Aktivität stattfindet.

Aktivitäten für Übergänge

Das „Wir sammeln uns"-Lied

Singen Sie folgenden Vers nach einer frei erfundenen Melodie:

Wir machen einen Kreis,
wir machen einen Kreis,
wir lesen jetzt ein schönes Buch (wir singen nun ein kleines Lied; wir spielen jetzt ein kleines Spiel usw.),
kommt alle in den Kreis.

Das tun Sie
Setzen Sie sich auf den Boden, klatschen Sie den Rhythmus mit und singen Sie das Lied, damit die Kinder sich sammeln.

Die schüchterne Handpuppe

Das brauchen Sie
- eine Handpuppe
- eine Tasche

Das tun Sie
Legen Sie die Puppe in die Tasche. Dann schütteln Sie die Tasche, als würde darin jemand zittern. *„Was ist denn los, [Name der Handpuppe]?"* Die Puppe schaut kurz aus der Tasche und springt dann schnell wieder hinein. Langsam kommt sie wieder hervor (auf Ihrer Hand), zittert aber weiter. Dann flüstert sie Ihnen etwas ins Ohr. Jetzt sind die Kinder meist schon ganz ruhig und versuchen mitzubekommen, was die Puppe sagt. *„[Name der Handpuppe] sagt, er hat Angst, weil es hier so laut ist. Dann wollen wir mal ganz leise sein, nicht wahr, Kinder?"* Sie können die Puppe weiterhin im Flüsterton zu Ihnen sprechen lassen oder sie kann mit ängstlicher Stimme zu den Kindern sprechen. Vielleicht fragt sie, was die Kinder am Vormittag gemacht haben oder was sie als Nächstes tun werden. Denken Sie sich ein Thema aus.

Schatzkiste

Das brauchen Sie
eine große Kiste, einen Korb mit einem Deckel oder eine ausgefallene Decke, mit der man einen Gegenstand verhüllen kann

Das tun Sie
Legen Sie jeden Tag einen anderen Gegenstand in die Kiste. Die Kiste ist ein guter Anlass, um mit den Kindern ins Gespräch zu kommen. Sie wollen natürlich sehen, was Sie da in der Schatzkiste haben. Machen Sie es ein bisschen spannend, bevor Sie den Deckel öffnen. Dann sprechen Sie über den Gegenstand. Er könnte ein Hinweis auf die nächste Aktivität sein, die Sie geplant haben, zum Beispiel ein Holzlöffel. Sie könnten auch einen Gegenstand wählen, der in einem Bilderbuch vorkommt, das Sie den Kindern vorlesen wollen. Mit der Zeit versammeln sich die Kinder von selbst, sobald die Schatzkiste auftaucht.

Vorlesezeit

Das Geschichtenvorlesen kann im Rahmen der Sitzkreisaktivitäten stattfinden oder ein besonderes eigenständiges Ereignis sein, bei dem es ausschließlich um das Vorlesen geht. Natürlich sollten Sie den Kindern auch bei anderen Gelegenheiten etwas vorlesen. Sie können zum Beispiel einem oder zwei Kindern spontan etwas vorlesen, bevor Sie diese schlafen legen oder wenn Sie alle gemeinsam draußen im Schatten liegen.

- **Setzen Sie einen magischen Geschichtenerzählerhut auf.** Suchen Sie sich einen auffälligen bunten Hut und setzen Sie ihn jedes Mal auf, wenn Sie den Kindern eine Geschichte vorlesen wollen. Der Hut wird zum nonverbalen Signal für die Vorlesezeit und die Kinder werden sich versammeln, wenn sie ihn sehen.
- **Halten Sie Ordnung in der Leseecke.** Ihr Bücherregal sollte viel Platz bieten, damit Sie die Bücher so aufstellen können, dass man das ganze Cover sieht und nicht nur den Buchrücken.
- **Zeigen Sie nur eine begrenzte Auswahl an Büchern.** Stellen Sie nicht alle Bücher ins Regal, sondern nehmen Sie nur eine Auswahl auf, aus der die Kinder wählen können. Verändern Sie diese Auswahl regelmäßig, aber lassen Sie die Lieblingsbücher stehen.
- **Bücher sollten immer zugänglich sein.** Die Bücher sollten den Kindern immer als frei wählbare Option in der Spielzeit zur Verfügung stehen.
- **Vermitteln Sie den Kindern, dass man mit Büchern gut umgeht.** Zeigen Sie den Kleinkindern, wie man die Seiten mit Daumen und Zeigefinger umblättert, anstatt mit der ganzen Hand über die Seite zu fahren. Reparieren Sie Risse sofort.
- **Platzieren Sie Stofftiere in der Leseecke.** Ermuntern Sie die Kinder, den Stofftieren etwas vorzulesen.

Aktivitäten für Übergänge

Das „Lies mir etwas vor"-Lied

Singen Sie das Lied nach der Melodie von „Grün, grün, grün sind alle meine Kleider".

Wir suchen uns ein Buch und lesen die Geschichte,
sieh dir mal die schönen Bilder an!
Ein tolles neues
Bild auf jeder Seite,
das macht Spaß,
komm, wir lesen es noch mal!

Aktivitäten für die Vorlesezeit

Das brauchen Sie
- ein Bilderbuch
- einige Gegenstände, die in diesem Buch erwähnt werden

Das tun Sie

Überlegen Sie, welche Gegenstände Sie aus der Geschichte nach dem Vorlesen für eine Aktivität nutzen können. Kommen interessante Gegenstände in der Geschichte vor, wie zum Beispiel Töpfe und Pfannen? Dann halten Sie ähnliche reale Gegenstände für die Kinder zum Spielen bereit. Wird ein bestimmtes Lebensmittel erwähnt? Lassen Sie die Kinder kosten. **Sicherheitshinweis:** Vergewissern Sie sich, dass keine Lebensmittelallergien bestehen! Wird während der Handlung vielleicht eine Brücke überquert? Dann ermuntern Sie die Kinder, so etwas nachzuspielen. Sie brauchen meist gar nicht lange zu überlegen, eine passende Anschlussaktivität findet sich für fast jedes Bilderbuch.

Die Geschichte aus der Dose

Das brauchen Sie

- eine große Kaffeedose oder eine andere dekorative Dose mit Deckel
- kleine Requisiten, die mit den Akteuren, Gegenständen und Geschehnissen in der Geschichte zu tun haben

Das tun Sie

Erzählen Sie den Kindern eine einfache Geschichte, anstatt ihnen etwas vorzulesen. Sie könnten beispielsweise die Geschichte eines Bilderbuchs erzählen, das die Kinder schon kennen. Die Gegenstände nehmen sie während des Erzählens aus der Dose, sie kommentieren, was gerade passiert. Reihen Sie die Gegenstände nebeneinander auf. Am Ende der Geschichte befragen Sie die Kinder zu den einzelnen Requisiten: *„Was war das hier in der Geschichte?"* und *„Erinnerst du dich an das hier?"* Dann lassen Sie die Kinder mit den Requisiten spielen. Für „Die drei kleinen Schweinchen" könnten Sie zum Beispiel drei kleine Schweinchen, einen Wolf, ein Haus, etwas Stroh und ein paar Spielzeugsteinchen bereithalten.

Vermeiden Sie künstlerische Aktivitäten und Aktivitäten mit Lebensmitteln in großen Gruppen

Abgesehen von kurzen Stuhlkreisaktivitäten und Bewegungsspielen zu Musik sollten Sie es vermeiden, Aktivitäten mit allen Kindern gemeinsam durchzuführen. Künstlerische Aktivitäten mit der ganzen Gruppe sind beispielsweise eine Freifahrt ins Chaos, weil Kleinkinder nicht warten können, bis alle anderen ihre Kittel angezogen bekommen oder bis das Material verteilt wird. Normalerweise dauert es nicht länger, wenn Sie Aktivitäten mit nur einem oder zwei Kindern durchführen. Wenn nicht alle Kinder, die gern mitmachen möchten, an einem bestimmten Tag an die Reihe kommen können, bieten Sie die Aktivität einfach bald wieder an. Die folgenden Tipps gelten auch für Projekte mit Lebensmitteln:

- **Legen Sie alles**, was Sie benötigen, **schon im Voraus parat**.
- **Arbeiten Sie nur mit einem oder zwei Kindern gleichzeitig.**
- **Sprechen Sie mit den Kindern** – beschreiben Sie, was sie gerade tun.
- **Bleiben Sie gelassen** und erlauben Sie den Kindern, sich Zeit zu lassen.

- Wenn Sie Zeit haben, lassen Sie die Kinder **die Aktivität wiederholen**. Sie profitieren davon erheblich.
- Wenn das Kind fertig ist, **waschen Sie ihm die Hände** und reinigen Sie gegebenenfalls auch den Kittel.
- Dann **ermuntern Sie andere Kinder zum Mitmachen**.

So bekommen Sie den „Gruppentrieb" in den Griff

Bei der Arbeit mit kleinen Kindern kann folgendes Problem auftreten: Sie bereiten eine besondere Aktivität vor, die nur für ein paar Kinder angelegt ist, und auf einmal versammeln sich alle anderen Kinder um Sie und möchten das Gleiche tun. Am Anfang ist es nicht leicht, die Kinder davon zu überzeugen, dass sie auch an die Reihe kommen, sobald ein anderes Kind fertig ist. Dasselbe kann passieren, wenn Sie ein neues Spielzeug haben, das alle Kinder gleichzeitig ausprobieren möchten, oder wenn Sie eine interessante Aktivität beginnen. Solches Gedränge führt schnell zu Schubsen, Unfällen und Tränen.

Versichern Sie den Kindern immer wieder, dass jeder an die Reihe kommt. In der Zwischenzeit sollten Sie dafür sorgen, dass die Kinder ihre Wartezeit mit anderen interessanten Dingen überbrücken können. *„Ich weiß, Jan, es fällt einem wirklich schwer zu warten, wenn man so gerne malen möchte. Ich komme und hole dich, sobald Thomas fertig ist. Dann bist du dran. Bau doch etwas Schönes mit den Klötzen, solange du wartest."* Sie müssen dann auch Wort halten und das Kind holen, wenn es an der Reihe ist. So lernt es, Ihnen zu vertrauen und in der Zwischenzeit entspannt mit etwas anderem zu spielen.

- **Bilden Sie kleinere Gruppen.** Die Tatsache, dass sich Kleinkinder leicht ablenken lassen, kommt Ihnen hier zugute. Locken Sie ein paar Kinder in eine andere Richtung, indem Sie in einem anderen Teil des Raumes noch eine weitere Aktivität anbieten.
- **Arbeiten Sie mit einer Fotowarteliste.** Basteln Sie für jedes Kind eine Fotokarte, indem Sie die Fotos laminieren. Sie können die Karte eines wartenden Kindes zu der Aktivität legen, während es noch woanders spielt. Das hinterlegte Foto gibt dem Kind das Gefühl, dass es nicht vergessen wird. Diese Methode funktioniert vor allen Dingen mit älteren Kindern.

Windeln wechseln

Das Windelnwechseln beinhaltet im Tagesverlauf einige Übergänge. Zuerst der Übergang vom Spielen zur Windelkontrolle, dann von einem Moment der Ungewissheit zur passiven Rückenlage, während die Erzieherin das Kind sauber macht. Danach folgt der Übergang zum Händewaschen und schließlich die Rückkehr in den Spielbereich.

Im Kleinkindbereich von Kindertagesstätten ist ein guter Betreuungsschlüssel schon deshalb sehr wichtig, weil bei den Kindern jederzeit das Wechseln der Windel anstehen kann. Während eine Erzieherin dem Kind die Windeln wechselt, kann eine weitere die anderen Kinder beaufsichtigen. Die Kindertagesstätten handhaben das ganz unterschiedlich. In einigen Einrichtungen wechseln nur die zuständigen Erzieherinnen den Kindern die Windeln, in den meisten wechseln jedoch alle Mitarbeiterinnen den Kindern die Windeln. Oft hängt es davon ab, wer gerade ein komplexes Projekt betreut, das vollen Einsatz erfordert, eine Geschichte vorliest oder eine Gruppenaktivität durchführt und daher nicht abkömmlich ist.

Sollten Sie alleine arbeiten und eine kleine Gruppe haben, tun Sie Folgendes: Wenn Sie einem Kind die Windel wechseln müssen, bieten Sie den anderen für diesen kurzen Zeitraum eine Auswahl an einfachen Aktivitäten an, die Sie nicht die ganze Zeit streng beaufsichtigen müssen.

Häufig wehren sich Kleinkinder aus den unterschiedlichsten Gründen gegen das Windelnwechseln. Es ist langweilig, sie möchten nicht passiv herumliegen, sondern lieber alles selber machen. Das Kind ist vielleicht gerade intensiv mit einer Sache beschäftigt und will jetzt auf keinen Fall unterbrochen werden. Weglaufen zählt auch zu den Spielchen, die sich ein Kind einfallen lässt, um Sie zu ärgern. Und nicht zuletzt protestieren Kleinkinder häufig nur um des Protestierens Willen gegen das, was der Erwachsene möchte.

- **Unterbrechen Sie nach Möglichkeit nicht ein Kind**, das gerade intensiv mit Spielen beschäftigt ist. Warten Sie ein paar Minuten ab. Intensives Spielen ist wichtig.
- **Kündigem Sie dem Kind an, was Sie tun werden**, anstatt es einfach hochzuheben. Gehen Sie frontal auf das Kind zu, breiten Sie die Arme aus, wenn Sie es hochheben wollen, oder bieten Sie Ihre Hand an, wenn das Kind laufen möchte.
- **Bringen Sie Ihre Absicht zum Ausdruck**, anstatt eine Frage zu stellen. Sagen Sie lieber: *„Nun bist du dran, Lena. Ich werde jetzt deine Windel wechseln“*, anstatt zu fragen: *„Darf ich jetzt deine Windel wechseln?“*.
- **Bieten Sie positive Optionen an.** Fragen Sie: *„Soll ich dich tragen oder möchtest du lieber selber laufen?“*, wenn sich das Kind sträubt oder Ihnen wegläuft.
- **Gewähren Sie dem Kind eine gewisse Freiheit.** Stellen Sie an den Wickeltisch eine Stufe oder eine kleine Treppe, damit das Kind selbst auf den Tisch klettern kann.
- **Versuchen Sie, das Ganze angenehm zu gestalten.** Unterhalten Sie sich mit dem Kind, während Sie es wickeln. Sprechen Sie darüber, was es gerade getan hat oder gleich tun möchte. Vielleicht gibt es am Wickeltisch auch ein interessantes Spielzeug, das es so lange festhalten kann.
- **Machen Sie das Händewaschen zu einem kleinen Ritual.** Waschen Sie gemeinsam Ihre Hände und „ziehen“ Sie dabei zum Beispiel „Handschuhe aus Seifenschaum an“ (siehe S. 101). Machen Sie einfach das Beste aus dieser kleinen Einzelaktivität, bei der man mit Wasser spielen kann.

Auf die Toilette gehen

Wenn ein Kind lernt, wie man die Toilette benutzt, ist das ohne Frage eine wichtige Übergangsphase im Leben des Kindes und der Eltern.

Kleinkinder, die etwa zwei Jahre alt sind, befinden sich mitten in dieser Lernphase. Einige Kinder lernen es schnell, bei anderen scheint es ewig zu dauern. So etwas wie das „richtige Alter“, in dem alle Kinder allein auf die Toilette gehen können sollten, gibt es nicht. In Kindertagesstätten gibt es zwei wesentliche Erfolgsrezepte für das Toilettentraining mit Kindern: 1.) Warten, bis das Kind von seiner Entwicklung her dazu bereit ist, und 2.) enge Zusammenarbeit und Kommunikation mit den Eltern. Lernen, wie man die Toilette benutzt, sollte eine positive Erfahrung für das Kind sein.

Das Toilettentraining beginnt streng genommen schon im Windelalter. Kommentare wie *„Deine Windel ist nass."* oder *„Da ist Aa in deiner Windel."* hilft den Kindern, Worte für diese Empfindungen zu finden. Außerdem kann die Erzieherin fragen: *„Max, machst du gerade in deine Windel?"*, wenn sie sieht, wie sich ein Kind anspannt.

Einige Kinder haben zunächst Angst vor der Toilette. Das laute Geräusch und das rauschende Wasser jagen ihnen vielleicht einen Schreck ein. Da das Geräusch der Toilettenspülung in Kindertagesstätten häufig zu hören ist, gewöhnt sich das Kind mit der Zeit daran. Und seine Angst schwindet vermutlich, wenn es sieht, wie andere Kinder die Toilette problemlos und ganz selbstverständlich benutzen. So wird die Toilette zu einer recht faszinierenden Angelegenheit für die Kleinkinder. Sie lieben die Auswirkungen, die das Betätigen der Spülung hat, und beobachten gern, wie das Wasser und ihre Hinterlassenschaften weggespült werden. Die Erzieherinnen müssen oft sogar aufpassen, dass die Kleinkinder nicht alle möglichen Spielsachen und andere Gegenstände in die Toilette werfen und wegspülen. Die Kinder sollten Gelegenheit haben, sich mit der Toilette vertraut zu machen, und die Spülung selbst betätigen, aber die Erwachsenen müssen sie dabei streng beaufsichtigen.

Treffen mit den Eltern

Bevor Sie bei einem Kind mit dem Toilettentraining beginnen, ist es ganz wichtig, dass Sie sich mit den Eltern und allen anderen Erzieherinnen zusammensetzen, die an diesem Prozess beteiligt sein werden. Dieses Treffen macht deutlich, dass Sie das Toilettentraining nicht auf die leichte Schulter nehmen, und dient der Klärung, ob alle Beteiligten – Erzieherinnen, Eltern und Kind – mit der Herangehensweise einverstanden sind.

Schreiben Sie auf, wie Sie den Kindern beibringen, auf die Toilette zu gehen. Ermuntern Sie die Eltern, zu Hause ganz ähnlich vorzugehen, damit das Kind ein einheitliches Prozedere kennenlernt. Es ist Ihre Aufgabe, die Eltern in diesem Prozess immer wieder zu ermutigen und zu unterstützen. Erklären Sie ihnen zum Beispiel, woran sie erkennen, ob das Kind schon so weit ist und mit welchen Methoden sie dem Kind zu Erfolgserlebnissen verhelfen. Einigen Sie sich im Voraus auf eine einheitliche Sprachregelung. Ermuntern Sie die Eltern, das Training zu Hause zu beginnen, und zwar am Wochenende, bevor Sie in der Kindertagesstätte anfangen.

Anzeichen für den richtigen Zeitpunkt

- Das Kind teilt Ihnen mit, dass seine Windel nass ist oder dass es eine neue braucht.
- Das Kind kann seine Kleidung selbst an- und ausziehen.
- Das Kind zeigt großes Interesse an der Toilette.
- Das Kind kann sich schon gut verbal ausdrücken. Es muss Ihnen mitteilen können, dass es auf die Toilette gehen muss.

- Das Kind ist in der Lage, Ihnen rechtzeitig Bescheid zu geben, wenn es Stuhlgang hat oder urinieren muss.
- Das Kind bleibt mindestens zwei Stunden lang trocken oder ist jeden Tag nach dem Mittagsschlaf trocken.

Einige Kinder sperren sich gegen das Toilettentraining, weil die Erwachsenen um sie herum möchten, dass sie damit beginnen. Das zeigt lediglich, wie das Kind austestet, wo sein eigener Wille in diesem Gefüge angesiedelt ist. Leistet ein Kind, das zum Trockenwerden bereit ist, eine Menge Widerstand, lassen Sie es am besten in Ruhe. Sie können sich auch überlegen, wie Sie ihm das Gefühl geben, es sei seine eigene Idee. Oft geht die stärkste Motivation von Gleichaltrigen aus, die mit gutem Beispiel vorangehen. Wenn ein Kind sieht, wie die meisten seiner Freunde die Toilette benutzen, möchte es auch dazugehören und wird sich am Ende sehr wahrscheinlich darauf einlassen. Manchmal kann auch die Bemerkung eines anderen Kindes enorm viel bewirken: *„Ich bin schon groß, ich kann alleine auf Toilette gehen."*

- **Lassen Sie die Tür offen.** So kann das Kind zur Toilette gehen, wann immer es muss, und Sie können es problemlos beaufsichtigen. Außerdem kann das Kind sehen, wie die anderen Kinder die Toilette benutzen, und begreift, was hier vor sich geht und wie man es anstellt.
- **In Gesellschaft geht es leichter.** Lassen Sie das Kind mit einem Freund oder einer Freundin zusammen auf die Toilette gehen, der/die ihm Gesellschaft leistet und Unterstützung bietet.
- **Ziehen Sie dem Kind richtige Unterwäsche an.** Bitten Sie die Eltern, den Kindern statt Windel- oder Übungshöschen ganz normale Stoffschlüpfer anzuziehen. Windelhöschen sind so saugkräftig, dass sich das Kind vielleicht gar nicht unwohl fühlt, wenn es eingenässt hat.
- **Halten Sie Ersatzwäsche bereit.** Bitten Sie die Eltern, mehrere Garnituren Ersatzwäsche mitzubringen – auch Socken und Schuhe. Warme Kleidung sollte ebenfalls zum Wechseln vorhanden sein. Das Kind muss sich wirklich nass und unwohl fühlen, um zu verstehen, dass es besser ist, auf die Toilette zu gehen.
- **Führen Sie feste Zeiten im Tagesverlauf ein.** Ermuntern Sie dann alle Kinder, die es schon alleine können, auf Toilette zu gehen. Bevor Sie nach draußen gehen und vor dem Mittagsschlaf sind besonders wichtige Zeitpunkte.
- **Lassen Sie Kinder, die noch nicht allein auf die Toilette gehen können, zuschauen, wenn sie Interesse zeigen** – das ist ein Teil des Lernprozesses.
- **Gehen Sie mit, um gegebenenfalls zu helfen.** Selbst wenn Kinder schon ganz allein auf die Toilette gehen können, brauchen Sie manchmal noch Hilfe beim Abwischen und Ankleiden.
- **Beaufsichtigen Sie den Waschraum** gründlich und lassen Sie die Kinder dort nicht spielen.
- **Reagieren Sie bei kleinen „Toilettenunfällen" nicht missbilligend.** Helfen Sie dem Kind ganz nüchtern beim Saubermachen und sagen Sie, das Ganze sei kein Problem.
- **Achten Sie darauf, dass Händewaschen zur festen Routine nach dem Besuch der Toilette wird** (siehe auch S. 101–102).

So bewältigen Sie das Toilettentraining, während alles andere weiterläuft

Wenn Sie mit einem Kind das Toilettentraining beginnen, braucht es viel Unterstützung und Sie müssen es häufig an Vieles erinnern. Gehen Sie in den ersten Wochen alle 30–45 Minuten mit dem

Kind auf die Toilette. Vielleicht betrauen Sie eine bestimmte Mitarbeiterin mit dieser Aufgabe, während die andere sich darum kümmert, was im Spielbereich vor sich geht. Das Kind muss wissen, dass es jederzeit auf Toilette gehen kann. Sie müssen die Toilette problemlos beaufsichtigen können und einige Kinder brauchen beim Abwischen, Wiederankleiden und beim anschließenden Händewaschen sicher Ihre Hilfe.

Wenn Kinder schon allein auf Toilette gehen können, ist es sinnvoll, sie zu festen Zeiten auf die Toilette zu schicken, während andere Kinder gewickelt werden – zum Beispiel, bevor es nach draußen geht oder wenn der Mittagsschlaf ansteht.

Kulturelle Fragen im Zusammenhang mit dem Toilettentraining

Jede Familie hat ihre eigenen Traditionen und eine spezielle Sprachregelung, was dieses Thema anbelangt. Oft ist das eine sehr emotionale Angelegenheit. In einigen Kulturkreisen lernen die Kinder schon sehr früh, wie man die Toilette benutzt. Einige diesbezügliche Methoden lassen sich aber in Kindertagesstätten einfach nicht anwenden – wie zum Beispiel das Kind alle zehn Minuten aufs Töpfchen zu setzen oder lange Zeit auf dem Töpfchen sitzen zu lassen.

Missgeschicke sind vorprogrammiert

Natürlich geht auch einmal etwas schief, wenn das Kind es nicht rechtzeitig auf die Toilette schafft. Gehen Sie mit solchen Vorfällen ganz sachlich um und üben Sie keine Kritik. Vermeiden Sie generell negative Kommentare, wenn Sie die Kinder wickeln oder ihnen auf der Toilette helfen. Achten Sie dabei auch auf Ihren Gesichtsausdruck. Machen Sie den Kindern Mut: *„Das ist nicht schlimm. Nächstes Mal kommst du einfach rechtzeitig, wenn du mal musst."* Bestärken Sie die Kinder jedes Mal durch Lob, wenn alles gut klappt. Für sie ist es wirklich eine große Leistung!

Aktivität für Übergänge

Lesen Sie mit den Kindern Bücher zum Thema „Toilettentraining"

Ich brauche keine Windel mehr von Jan-Erik Gürth und Betina Gotzen-Beek, Verlag: Kerle

Julchen geht aufs Töpfchen von Ursula Keicher und Gisela Dürr, Verlag: Pattloch

Der kleine Klo-König von Sandra Grimm und Clara Suetens, Verlag: Ravensburger

Jakob und sein Töpfchen von Peter Friedl und Nele Banser, Verlag: Carlsen

Muss mal Pipi von Manuela Olten, Verlag: Carlsen

Leonie und ihr Töpfchen von Rosemarie Künzler-Behncke und Sabine Kraushaar, Verlag: Carlsen

Lola geht aufs Töpfchen von Antje Flad und Ilona Einwohlt, Verlag: Coppenrath

Vom kleinen Maulwurf, der wissen wollte, wer ihm auf den Kopf gemacht hat von Werner Holzwarth und Wolf Erlbruch, Verlag: Peter Hammer

Aufenthalte im Außenbereich

Die meisten Kleinkinder lieben es, draußen zu spielen, wo sie rennen, schreien und nach Herzenslust klettern können. Solange das Wetter nicht ausgesprochen schlecht ist, profitieren kleine Kinder auf jeden Fall davon, wenn sie jeden Tag an der frischen Luft aktiv sein können. Passen Sie Ihre Außenaufenthalte dem Klima an. Wenn es heiß ist, gehen Sie am besten am frühen Vormittag und dann erst wieder am späten Nachmittag hinaus. Wenn es kalt ist, sollten Sie um die Mittagszeit nach draußen gehen.

Die Vorbereitungen für einen Ausflug nach draußen enthalten eine Reihe von Übergängen. Alle Kinder sollten frische Windeln anhaben oder vorher die Möglichkeit bekommen, auf die Toilette zu gehen, damit Sie nicht früher zurückkehren müssen als geplant. Im Grunde können Sie das ganze Jahr über nie ohne Vorbereitungen hinausgehen. Die Kinder brauchen immer erst einmal Kleidung für draußen und sollten außerdem Mützen oder Sonnenschutz tragen.

- **Teilen Sie die Gruppe.** Sollten Sie eine große Gruppe und entsprechend viel Personal haben, um sowohl im Innen- als auch im Außenbereich Kinder zu betreuen, ist es ratsam, nur die Hälfte der Kinder hinauszuschicken und die andere Hälfte drinnen spielen zu lassen. Anschließend tauschen Sie dann. Kleinkinder kommen in kleineren Gruppen grundsätzlich besser zurecht.
- **Sorgen Sie für minimale Wartezeiten.** Während des Windelwechselns, des Toilettenbesuchs und des Ankleidens entstehen für die Kinder, die als Erste fertig sind, unter Umständen Wartezeiten. Das kann schnell Unruhe verursachen, weil Kleinkinder nicht gerne warten. Wenn möglich, geht eine Erzieherin am besten schon mit den Kindern, die zuerst fertig sind, nach draußen. Falls Sie vom Gruppenraum aus direkten Zugang zum Spielplatz im Außenbereich haben, können Sie die anderen Kinder dann eines nach dem anderen hinausschicken, sobald sie fertig sind. Das Warten fällt den Kindern besonders schwer, wenn sie warme Kleidung, wie zum Beispiel Schneeanzüge, tragen.
- **Planen Sie bei Bedarf eine Aktivität für die Wartezeit.** Lässt sich eine Wartezeit überhaupt nicht vermeiden, halten Sie diese so kurz wie möglich und geben Sie den Kindern währenddessen eine interessante Beschäftigung. Sie könnten zum Beispiel einen Korb mit alten Grußkarten durchsehen, während sie warten. Zeigen Sie ihnen die Karten nur in dieser kurzen Übergangsphase, damit ihr Interesse bestehen bleibt. Ein Ring aus Malerkrepp um den Zeigefinger geklebt sorgt ebenso für fünfminütige Beschäftigung.
- **Achten Sie darauf, dass es nicht zu voll wird.** Denken Sie daran, dass Kleinkinder schnell der „Gruppentrieb" packt und dann alle zur selben Zeit das Gleiche tun wollen. Bleiben Sie immer aufmerksam, um einige Kinder mit einer weiteren Aktivität abzulenken.

- **Spielen Sie parallel zu den Kindern.** Überlassen Sie den Kindern das Kommando und tun Sie das Gleiche wie sie. Dann können Sie das Geschehen ein wenig variieren oder vertiefen. Behalten Sie dabei aber immer auch die anderen Kinder auf dem Spielplatz im Auge und hören Sie zu, was dort passiert, damit Sie jederzeit zur Stelle sind, wenn Sie woanders gebraucht werden.

- **Bieten Sie wertvolle und abwechslungsreiche Aktivitäten an.** Betrachten Sie auch den Außenbereich als eine wirklich fruchtbare Spielumgebung innerhalb Ihrer Einrichtung. Mit dem Außenbereich assoziiert man unwillkürlich grobmotorische Aktivitäten, wie zum Beispiel Ballspiele oder Rutschen. Tatsächlich können Sie draußen aber so ziemlich alle Aktivitäten machen, die Sie auch im Innenbereich anbieten. Einige lassen sich im Außenbereich sogar leichter und besser durchführen, wie zum Beispiel sehr laute und lebhafte Aktivitäten oder solche, die eine Menge Schmutz verursachen. Außerdem können Sie draußen sehr gut Nachahmungsspiele anbieten wie das Marschieren einer Musikkapelle. Auch Wasserspiele lassen sich leichter im Außenbereich durchführen. Die Kinder können loslaufen und so tun, als würden sie fliegen, oder nach Belieben schreien.
  Im Sandkasten können die Kinder hervorragend mit Töpfen und Pfannen aus der Spielküche spielen. Mit Mützen, Hüten, Umhängen und anderen Verkleidungen kann man draußen ebenfalls toll spielen.

- **Achten Sie auch draußen auf Hygiene.** Nehmen Sie eine Packung Taschentücher und eine Plastiktüte für gebrauchte Tücher mit nach draußen. Auch feuchte Tücher können nützlich sein. Eine Wasserflasche und ein paar Pappbecher sollten ebenso dabei sein, wenn Sie draußen kein fließendes Wasser haben.

- **Beaufsichtigen Sie den Toilettenbesuch.** Sorgen Sie nach Möglichkeit dafür, dass jedes Kind auf der Toilette war, bevor Sie hinausgehen. Sollte trotzdem ein Kind auf die Toilette müssen, während Sie draußen sind, lassen Sie es nicht allein zurückgehen. Es könnte den Waschraum leicht verlassen und durch die anderen Räume oder sogar auf die Straße hinauslaufen. Nehmen Sie einen Teil der Gruppe wieder mit in den Innenbereich, wenn ein Kind auf die Toilette gehen muss. Wie Sie das handhaben, hängt auch davon ab, wie viele Mitarbeiterinnen auf dem Spielplatz bleiben und die anderen Kinder beaufsichtigen können.

- **Bereiten Sie die Kinder auf die Rückkehr nach drinnen vor.** Genau wie bei den vielen anderen Übergängen im Tagesverlauf sollten die Kinder rechtzeitig Bescheid wissen, wenn es wieder zurück in den Innenbereich geht. Sagen Sie ihnen: *„In ein paar Minuten gehen wir wieder hinein."* Sprechen Sie auch darüber, was Sie anschließend im Innenbereich vorhaben.

Räumen Sie auch draußen auf. Lassen Sie die Kinder alle Fahrzeuge zum Schuppen fahren. Das Sandkastenspielzeug können Sie gemeinsam einsammeln und in eine Kiste legen. Räumen Sie auch dann auf, wenn Sie später noch einmal nach draußen gehen wollen. Es ist sehr viel angenehmer, auf einen aufgeräumten Spielplatz zu kommen als auf einen, der von Spielzeug übersäht ist.

Aktivitäten für Übergänge

Der alte Jackentrick

Das tun Sie

Legen Sie die Jacke eines Kindes vor ihm auf den Boden. Der Reißverschluss zeigt nach oben, die Kragenseite liegt bei seinen Füßen. Nun steckt das Kind jeweils eine Hand in jeden Ärmel und Sie stülpen ihm die Jacke einfach über den Kopf.

Ein Lied zum Jackeanziehen

Singen Sie dem Kind das folgende Lied zu der Melodie von „Oh Susanna (I came from Alabama)" vor, während Sie ihm die Jacke anziehen:

Erst den einen Arm,
dann den andren Arm,
nun noch rasch zipp, zipp, zipp, zipp.
Erst den einen Arm,
dann den andren Arm,
zippi, zapp (knöpfi, knupf) und drin bist du.

Ein Lied zum Rausgehen

Denken Sie sich ein Lied aus, während Sie die Kinder für draußen anziehen. Singen Sie Ihren Text mit einer einfachen Melodie und erfinden Sie einige Strophen darüber, was die Kinder draußen tun könnten. Die Verszeilen müssen sich nicht unbedingt reimen. Es folgt ein Beispiel:

Was machst du, wenn wir draußen sind?
Gehst du rutschen oder schaukeln?
Buddelst du im Sandkasten?
Oder rennst du wie der Wind?
Na, ich bin gespannt, mein Kind.

Thomas will heut' klettern geh'n,
ganz nach oben rauf,
Lisa schiebt den Puppenwagen,
ganz sachte hin und her.
Jan holt sich das Dreirad raus
und fährt herum ums Haus.

Ein Seil für Spaziergänge

Das brauchen Sie
ein langes Seil, z. B. ein Stück Wäscheleine

Das bereiten Sie vor
Machen Sie etwa alle 40 cm einen Knoten in das Seil oder die Leine.

Das tun Sie
Jedes Kind hält mit einer Hand einen Knoten fest. Achten Sie darauf, dass alle Kinder in die gleiche Richtung schauen. Machen Sie dann kurze Spaziergänge, bei denen sich die Kinder die ganze Zeit an ihren Knoten festhalten. Kleinkinder mögen diese Aktivität. Das Seil und der Knoten ist für sie etwas Konkretes zum Anfassen, außerdem spielen sie gerne „Zug". Mit dem Seil können Sie die Kinder bei Spaziergängen bequem beisammenhalten. Nach Möglichkeit sollte am vorderen und hinteren Ende der Leine ein Erwachsener gehen. Laufen Sie durch die Nachbarschaft oder üben Sie das Laufen mit dem Seil zunächst auf dem Spielplatz.

Was siehst du am Himmel?

Das tun Sie
Legen Sie sich mit den Kindern auf dem Rücken ins Gras und schauen Sie in den Himmel, während Sie das folgende Gedicht vortragen. Vergessen Sie jedoch nicht zu improvisieren!

Schau in den Himmel, was kannst du seh'n
da oben? Sag es mir.
Wolken, die vorüberzieh'n,
ganz weich – ich zeig sie dir.

Ich sehe einen Vogel flattern,
der landet auf dem Baum.
Ein Flugzeug, da! Hörst du es rattern?
So fern, man sieht es kaum.

Hörkarten

Das brauchen Sie
- Karteikarten
- Bilder von Dingen, die man draußen finden kann und die Geräusche machen

Das bereiten Sie vor
Fertigen Sie Bildkarten von Alltagsgegenständen oder Tieren an, die Geräusche machen, wie zum Beispiel Auto, Lastwagen, Vogel, Grashüpfer, Frosch, Flugzeug und Müllwagen.

Das tun Sie
Sagen Sie folgenden Vers auf:

Horche, horche, was hörst du da?
Woher kommt das Geräusch,
ist es fern,
ist es nah?

Die Kinder suchen dann nach dem Bild, das zum Geräusch passt. Halten Sie auch Blankokarten für neue Geräusche bereit. Schreiben Sie den Begriff gleich auf, ein Bild findet sich dann später.

Der Zug fährt ab!

Singen Sie dieses Lied zu der Melodie von „Grün, grün, grün sind alle meine Kleider":

Einsteigen bitte, die Türen schließen zu,
der Zug fährt los und um die Eck' im Nu.
Schnauf, schnauf, tuut, tuut,
halt dich fest an mir,
noch mal durch den Tunnel,
schon wieder sind wir hier!

Das tun Sie
Machen Sie zunächst ein paar Schnauf- und Fahrgeräusche, um die Kinder anzulocken, und beginnen Sie, mit ihnen eine Polonaise zu bilden. Wiederholen Sie die ersten Verszeilen *„Einsteigen bitte, die Türen schließen zu"* so lange, bis alle Kinder „eingestiegen" sind. Bei „Schnauf, schnauf, tuut, tuut" streichen Sie den Kindern Sand, Gras oder Schmutz von der Kleidung.

Händewaschen

Bakterien und Keime verbreiten sich in Kindertagesstätten und Kindergruppen besonders schnell. Ein einfaches Mittel dagegen ist häufiges und gründliches Händewaschen. Kinder wie Erwachsene sollten sich vor dem Essen, nach dem Windelnwechseln oder dem Besuch der Toilette sowie nach dem Naseputzen und nach Aktivitäten, bei denen man sich ein bisschen schmutzig macht, die Hände waschen. Kleinkinder spielen sehr gerne mit Wasser, sodass Sie wahrscheinlich kein Problem haben werden, sie dazu zu bewegen.

- **Etablieren Sie ein kleines Ritual.** Machen Sie das Händewaschen zu einem festen Bestandteil des Mittagessens und Windelnwechselns, sodass es den Kindern komisch vorkommt, es nicht zu tun.
- **Fördern Sie Eigeninitiative.** Richten Sie Ihren Waschraum so ein, dass die Kinder ohne Hilfe von Erwachsenen ihre Hände waschen können. Dazu müssen Sie unter Umständen ein fest stehendes Podest vor dem Waschbecken anbringen, damit die Kinder an den Wasserhahn herankommen. Bringen Sie den Kindern bei, wie man den Wasserhahn auf- und zudreht und die Temperatur regelt.

- **So ist die Seife immer griffbereit.** Installieren Sie Seifenspender mit Flüssigseife im Waschraum, sodass die Kinder sie gut erreichen können. So vermeiden Sie eine Menge Schmiererei.
- **Immer gründlich reinigen!** Halten Sie die Kinder dazu an, sich immer gründlich mit Seife die Hände zu waschen.
- **Planen Sie vorausschauend.** Nehmen Sie desinfizierende Handwaschlotion oder entsprechende feuchte Tücher mit nach draußen, wenn Sie wissen, dass unterwegs keine Möglichkeit zum Händewaschen besteht.

Aktivitäten für Übergänge

Ein Ritual zum Händewaschen

Das tun Sie

Waschen Sie sich und dem Kind die Hände, nachdem Sie es frisch gewickelt haben. Machen Sie daraus ein kleines Ritual. Während sie gemeinsam die Hände unter das laufende Wasser halten, könnten Sie folgenden Vers nach dem Refrain von „Es tanzt ein Bi-Ba-Butzemann" singen:

So waschen wir die Fingerchen
und putzen sie und schrubben sie,
so waschen wir die Fingerchen,
bis sie sauber sind.

Handmassage

Das brauchen Sie

Handlotion

Das tun Sie

Nach dem Händewaschen cremen Sie die Hände und Arme des Babys ein und massieren sie. Diese liebevolle Aktivität fühlt sich zu jeder Tageszeit gut an.

Handschuhe aus Seifenschaum

Das brauchen Sie

- Seife
- laufendes Wasser

Das tun Sie

Zeigen Sie dem Kind, wie es die Seife zum Schäumen bringt, sodass sie sich wie ein Handschuh um die Hände legt. Anschließend zeigen Sie ihm, wie man die Schaumschicht wieder vollständig abspült. Mit dieser Aktivität stellen Sie sicher, dass sich das Kind wirklich gründlich die Hände wäscht. Nachdem das Kind das Prozedere kennt, brauchen Sie es nur gelegentlich daran zu erinnern, dass es seine „Handschuhe aus Seifenschaum" anziehen soll, wenn es zum Händewaschen geht.

Selbst gemachtes Buch zum Thema „Händewaschen"

Das brauchen Sie

- ein kleines Fotoalbum oder ein Buch aus Gefrierbeuteln mit Zippverschluss (eine Art Reißverschluss), siehe S. 25
- eine Kamera

Das bereiten Sie vor

Fotografieren Sie bei einem Kind, das sich gerade die Hände wäscht, jeden einzelnen Schritt. Dann legen Sie die Fotos in der korrekten Reihenfolge aus und setzen kurze Bildunterschriften dazu. „Saubere Hände für Karla" – Seite 1: Karla hat im Sand gebuddelt. Nun sind ihre Hände schmutzig. Seite 2: Karla dreht den Wasserhahn auf. Seite 3: Karla macht ihre Hände nass. Seite 4: Karla seift ihre Hände ein. Seite 5: Karla macht sich Handschuhe aus Seifenschaum. Seite 6: Karla spült die Seife von ihren Händen. Seite 7: Karla trocknet sich die Hände mit Papiertüchern ab. Seite 8: Nun sind ihre Hände wieder schön sauber.

Das Mittagessen

Die Kinder werden um die Mittagszeit häufig etwas nörgelig. Nahrung ist jetzt ganz wichtig. Nachdem sie den ganzen Vormittag über gespielt haben, sind sie hungrig, ein klein wenig müde und mürrisch. Sorgen Sie dafür, dass es eine verlässliche Routine für diesen Tagesabschnitt gibt. Lassen Sie mit dem Mittagessen eine ruhigere Phase beginnen, die alle Kinder allmählich auf den Mittagsschlaf vorbereitet.

Lassen Sie sich helfen. Lassen Sie die freiwilligen Helfer unter den Kindern den Tisch abwischen. Dazu können Sie ihnen eine Sprühflasche mit Wasser und einen sauberen Lappen oder Schwamm geben.

- **Bereiten Sie alles gut vor.** Holen Sie die Kinder zum Sitzen erst dann an den Tisch, wenn das Essen bereitsteht.
- **Vergeben Sie feste Sitzplätze.** Sie ersparen sich zu Beginn des Mittagessens eine Menge Stress, wenn Sie den Kindern jeden Tag denselben Platz zuweisen.
- **Gehen Sie mit gutem Beispiel voran.** Setzen Sie sich immer zu den Kindern und essen Sie gemeinsam mit ihnen. Verhalten Sie sich stets vorbildlich. Sprechen Sie darüber, wie gut das Essen schmeckt, und benennen Sie, was die Kinder auf ihren Tellern haben. Sprechen Sie auch darüber, was Sie am Morgen gemacht haben. Auf diese Weise schaffen Sie eine angenehme Atmosphäre am Mittagstisch und setzen Sprache in einem bedeutungsvollen Kontext ein.
- **Rechnen Sie mit Kleckereien und Flecken.** Halten Sie einen Schwamm oder einen Wischlappen bereit, um Kleckereien wegzuwischen. Machen Sie kein großes Aufsehen um verschüttetes Essen oder Getränke. Wischen Sie die Kleckereien entweder selbst weg oder lassen Sie sie vom Kind aufwischen. Passen Sie auf, dass den Kindern das Aufwischen nicht zu viel Spaß macht, sodass sie am Ende mit Absicht etwas verschütten. Je weniger Aufmerksamkeit Sie diesen Zwischenfällen schenken, desto besser.
- **Leiten Sie die Kinder angenehm zum Mittagsschlaf über.** Machen Sie deutlich, dass Ausruhen etwas Schönes ist und guttut. *„Ach, gleich können wir uns schön ins Bettchen legen und uns mit dem Kuscheltier in die Decke einmummeln. Das ist ja sooo gemütlich!"*
- **Bringen Sie den Kindern bei, Essensreste vom Teller zu schieben.** Stellen Sie Plastikschüsseln für die Essensreste und das benutzte Geschirr auf. Zeigen Sie den Kindern, wie sie ihre Essensreste in eine Schüssel schieben und ihren Teller, Becher und ihre Gabel in eine andere legen. Bringen Sie ihnen außerdem bei, ihre Serviette in den Mülleimer zu werfen. Das mag zwar etwas länger dauern, als wenn Sie es selbst tun, die Kinder bekommen dadurch jedoch ein Gefühl von mehr Unabhängigkeit.
- **Katzenwäsche mit dem Waschlappen.** Feuchten Sie einen Stapel sauberer Waschlappen mit warmem Wasser an. Nachdem die Kinder ihren Teller grob abgewischt haben, können sie sich selbstständig einen Waschlappen vom Stapel nehmen und sich damit über Gesicht und Hände wischen. Anschließend kommt der benutzte Waschlappen in eine separate Schüssel. **Tipp**: Verwenden Sie alle Waschlappen in der gleichen Farbe, damit es keinen Streit gibt. Kleinkinder neigen dazu, einen „besonderen" zu wollen.

Aktivitäten für Übergänge

Finde deinen Platz!

Das brauchen Sie

- Fotos von den Kindern
- transparente selbstklebende Folie
- Stühle

Das bereiten Sie vor

Kleben Sie die Fotos mit selbstklebender Folie auf die Rückenlehnen der Stühle.

Das tun Sie

Führen Sie diese Aktivität als Spiel ein. Stellen Sie alle Stühle in einer Reihe auf und gehen Sie gemeinsam mit den Kindern von Stuhl zu Stuhl. Die Kinder schauen die Fotos an und sollen sagen, wem jeder Stuhl gehört. Dann vermischen Sie die Stühle. Nun sucht jedes Kind seinen Stuhl und setzt sich darauf. Wiederholen Sie das Ganze mehrmals und stellen Sie die Stühle jedes Mal anders auf. (Dieses Spiel eignet sich auch gut zur Überbrückung von Wartezeiten.) Nun stellen Sie die Stühle an den Mittagstisch und die Kinder suchen ihre Plätze. Kleinkinder streiten sich oft um Stühle, besonders, wenn sie unterschiedliche Farben oder Formen haben. Mit dieser Idee vermeiden Sie derartige Streitereien, denn die Kinder werden „ihren" Stuhl als ihr Eigentum betrachten.

Vorlagen für das Tischdecken

Das brauchen Sie

- Bastelpapier
- transparente selbstklebende Folie

Das bereiten Sie vor

Übertragen Sie die Umrisse von Teller und Becher der Kinder auf das Bastelpapier. Dann schneiden Sie die Teile aus, legen Sie sie auf dem Tisch in die richtige Position und fixieren Sie die Teile mit der transparenten Klebefolie. Kleinkinder neigen dazu, Becher oder Gläser immer direkt an die Tischkante zu stellen, was oft dazu führt, dass sie umkippen. Kleben Sie den Kreis für den Becher also etwas weiter in Richtung Mitte des Tisches.

Das tun Sie

Führen Sie die Vorlagen ein, indem Sie alle Kinder beim Tischdecken helfen lassen. Machen Sie ein Zuordnungsspiel daraus. *„Setzt den Teller auf den großen Kreis. Genau so – prima! Nun stellt ihr den Becher auf den kleinen Kreis."* Nun lassen Sie jeden Tag ein oder zwei Kinder beim Tischdecken helfen. Beim gemeinsamen Mittagessen erinnern Sie die Kinder daran, ihren Becher immer wieder auf den Kreis zurückzustellen.

Selbst gemachtes Lätzchen

Das brauchen Sie

- Geschirrhandtücher oder Frotteehandtücher
- Saumband aus dem Stoffladen

Das bereiten Sie vor

Schneiden Sie ein ausreichend großes Loch in das Handtuch, sodass der Kopf des Kindes hindurchpasst. Vernähen Sie das Loch mit dem Saumband.

Das tun Sie

Zeigen Sie den Kindern, wie sie ihr Lätzchen anziehen. Am Mittagstisch verteilen Sie alle Lätzchen, damit sie die Kinder anziehen können. Den Kindern wird es gefallen, wenn sie das Gleiche tun können wie ihre Freunde, und es gibt ihnen ein Gefühl von Unabhängigkeit.

Der Übergang vom Mittagessen zum Mittagsschlaf

Dieser Übergang gilt als der schwierigste im Tagesverlauf. Es gibt eine Menge zu tun. Stehen Ihnen in Ihrer Einrichtung Springer-Personal, freiwillige Mitarbeiter und/oder Personal aus der Verwaltung zur Verfügung, dann ist dieser Zeitpunkt im Tagesverlauf richtig, um diese Helfer einzusetzen. Folgende Aufgaben werden Sie möglicherweise erwarten:

- das Geschirr wieder in die Küche bringen,
- den Essbereich sauber machen – Tische abwischen und desinfizieren,
- gegebenenfalls Stühle abwischen,
- den Boden fegen und feucht wischen,
- die Bettchen aufstellen, Laken und Decken bereithalten,
- die Kinder wickeln oder mit ihnen zur Toilette gehen,
- nach dem Wickeln oder dem Besuch der Toilette die Hände waschen (Ihre und die des Kindes),
- die Kinder ins Bett bringen.

Für einen reibungslosen Ablauf müssen die Zuständigkeiten klar geregelt sein: Wer stellt die Bettchen auf, wer beaufsichtigt die Kinder im Waschraum, wer wickelt die Windelkinder, wer macht den Essbereich sauber usw.? Versuchen Sie, die Aufgaben möglichst zeitsparend und effektiv aufzuteilen. Eine Erzieherin kann den Mittagstisch etwas früher verlassen und bereits die Bettchen aufstellen. Dann steht sie zum Windelnwechseln zur Verfügung, sobald die ersten Kinder ihre Mahlzeit beendet haben. Eine weitere Person kann die Toiletten und das Händewaschen beaufsichtigen, während der Essbereich sauber gemacht wird. Dann holen die Kinder ihre Kuscheltiere aus dem Fach und beide Erzieherinnen können sie für den Mittagsschlaf ins Bett bringen. Wie Sie die Arbeit genau aufteilen, hängt von unterschiedlichen Faktoren ab, zum Beispiel, wie Ihre Räumlichkeiten angelegt sind und wie viele Kinder betreut werden.

Windelnwechseln und Toilettenbesuch vor dem Mittagsschlaf

Bevor die Mittagsstunde beginnt, sollte jedes Kind auf der Toilette gewesen sein oder eine frische Windel tragen. Natürlich sollten Sie die Kinder nicht zur Eile antreiben, außerdem ist es nicht gut, wenn sie zum Windelnwechseln oder an der Toilette anstehen müssen. Trotzdem haben Sie beim Wickeln jetzt nicht die Zeit für die netten kleinen Interaktionen mit dem Kind wie zu anderen Zeitpunkten. Lesen Sie hierzu auch die Seiten 92–95 zum Thema „Toilettentraining“.

- **Fangen Sie rechtzeitig an.** Eine Mitarbeiterin kann mit dem Wickeln beginnen, sobald das erste Kind seine Mahlzeit beendet hat.
- **Beaufsichtigen Sie die Kinder gründlich.** Eine Mitarbeiterin sollte bei den Waschräumen sein, um den Kindern beim Ankleiden und Händewaschen zu helfen.
- **Führen Sie Buch.** Hängen Sie eine abwaschbare Namensliste auf, um sicherzugehen, dass Sie alle Kinder gewickelt und ihre Hände gewaschen haben.
- **Zudecken.** Kinder, die schon gewickelt wurden oder auf der Toilette waren, können sich mit ihrem Kuscheltier ins Bettchen legen. Nachdem Sie ein Kind gewickelt haben oder nachdem es von der Toilette kommt, könnten Sie es bereits zudecken, bevor Sie sich um das nächste Kind kümmern.

- **Beschäftigen Sie die wartenden Kinder.** Sie könnten einen kleinen Korb mit Büchern und Stofftieren für Kinder bereitstellen, die den Esstisch schon verlassen haben und nun darauf warten, gewickelt zu werden.

Mittagsschlaf

In der täglichen Übergangszeit des Mittagsschlafs haben sowohl die Kinder als auch die Erzieherinnen Gelegenheit, neue Kraft zu tanken. Im Vergleich zu Ihren Kolleginnen im Kindergarten werden Sie weniger Probleme haben, die Kinder schlafen zu legen, da Kleinkinder einfach immer noch viel Schlaf brauchen. Denken Sie daran, dass der Schlafsaal ständig beaufsichtigt werden muss, selbst dann, wenn alle Kinder schlafen.

- **Stellen Sie die Matratzen oder Bettchen immer nach dem gleichen Schema auf.** Stellen Sie die Betten oder Matratzen der Kinder jeden Tag an dieselbe Stelle. Das gibt den Kindern ein Gefühl von Sicherheit. Zum einen finden sie ihr Bett problemlos wieder, zum anderen schlafen sie besser ein, wenn die „Kulisse" immer gleich bleibt. Hängen Sie eine Zeichnung an die Wand, damit Sie und die Aushilfen jederzeit nachschauen können, wie die Betten angeordnet werden müssen. Natürlich sollte jedes Bett bzw. jede Matratze mit einem Namensschild versehen sein. Breiten Sie die Decken der Kinder bereits auf den Betten aus, um sie willkommen zu heißen.
- **Die Bettchen sind ein Zeichen.** Stellen Sie die Bettchen nicht zu früh auf, sondern erst nach dem Essen oder während des Mittagessens. Eine Mitarbeiterin könnte den Esstisch etwas früher verlassen, um diese Aufgabe zu übernehmen. Die Gruppen im Kleinkindbereich sind klein, das Aufstellen wird deshalb nicht viel Zeit in Anspruch nehmen.
  (In einigen Kindertagesstätten werden die Betten bereits am späten Vormittag aufgestellt, wenn die Kinder aus dem Außenbereich zurückkehren. Das nimmt nicht nur eine Menge Platz in Anspruch, sondern behindert die Kinder auch beim Spielen. Außerdem vermittelt es Besuchern einen völlig falschen Eindruck davon, was in der Kindertagesstätte abläuft. Darüber hinaus verbauen sich die Erzieherinnen damit eine gute Gelegenheit, den Kindern nonverbal zu signalisieren, was als Nächstes ansteht.) Die Kinder kommen eher „in die Stimmung", ein Schläfchen zu halten, wenn sie die zurechtgemachten Bettchen erst nach dem Essen sehen.
- **Dunkeln Sie den Raum ab.** Durch das Zuziehen der Vorhänge oder anderweitiges Abdunkeln des Raumes und das Ausschalten des Lichts, signalisieren Sie den Kindern ebenfalls ohne Worte, dass es nun Zeit zum Schlafen ist.
- **Legen Sie spezielle Bücher für die Mittagsstunde zurecht.** Lesen Sie den Kindern sanft und langsam eine Geschichte vor, bevor sie sich in ihre Bettchen legen. Wenn Sie die Kinder dann zudecken, kommen Sie noch einmal auf die Geschichte zurück: *„Nun könnt ihr euch schön ausruhen, genau wie der kleine Bär (oder ein anderer Protagonist) in der Geschichte."*
- **Spielen Sie beruhigende Musik ab.** Auch Musik ist ein nonverbales Signal. Wählen Sie ein paar beruhigende Melodien aus und spielen Sie jeden Tag das gleiche Band ab, während die Kinder in ihren Bettchen zur Ruhe kommen.
- **Decken Sie die Kinder einzeln zu.** Decken Sie die Kinder zu, wenn sie still in ihren Bettchen liegen, und signalisieren Sie ihnen damit, dass sie so weit sind.
- **Ein Küsschen von der Handpuppe.** Nehmen Sie die Handpuppe und geben Sie den Kindern mit dieser ein Gutenachtküsschen.

- **Geben Sie Rückenmassagen.** Einige Kinder kommen besser zur Ruhe, wenn Sie ihnen sanft den Rücken massieren.
- **Strahlen Sie Ruhe aus.** Senken Sie Ihre Stimme und werden Sie ruhig. Atmen Sie tief durch, bewegen Sie sich langsam und gähnen Sie.
- **Singen Sie etwas.** Singen Sie jedem Kind ein Schlaflied vor, in dem sein Name vorkommt. (Schauen Sie sich dazu das Schlaflied auf der folgenden Seite an oder denken Sie sich ein eigenes aus.)
- **Benutzen Sie das Kuscheltier oder Lieblingsstück.** Die meisten Kinder kommen mit ihrem Lieblingskuscheltier oder ihrem Tröster besser zur Ruhe.

Aktivitäten für Übergänge

Die Handpuppe ist müde

Das brauchen Sie
eine Handpuppe

Das tun Sie
Die Aktivität eignet sich für den Mittagstisch oder für eine kurze Gruppenaktion, nachdem die Kinder gewickelt wurden oder auf der Toilette waren. Es kann sein, dass zu diesem Zeitpunkt bereits einige der Kinder schlafen. Die Handpuppe könnte kommen, um mit den Kindern zu sprechen und sie zuzudecken. Dabei gähnt sie die ganze Zeit. Nichts ist so ansteckend wie ein Gähnen. Vielleicht beginnen die Kinder, mit der Puppe zu gähnen. Die gähnende Handpuppe kann ihnen wirklich helfen, zur Ruhe zu kommen.

Schlaflied

Singen Sie das Lied zu der Melodie von „Morgen kommt der Weihnachtsmann".

Schließ die Augen, kleiner Schatz,
bist sehr müde und schläfst rasch.
Träume von deinen Freunden hier
und dein Kuschel ist bei dir.
Schließ die Augen, kleiner Schatz,
geb dir jetzt noch einen Schmatz.

Das magische Traumwasser

Das brauchen Sie
- eine Sprühflasche
- leicht aromatisiertes Wasser (zum Beispiel mit Lavendel)

Das tun Sie
Nachdem Sie alle Kinder zugedeckt haben, sprühen Sie ein bisschen von dem duftenden Wasser über jedes Bettchen und sagen: *„Das Traumwasser rieselt auf euch nieder und ihr werdet schöne Träume haben."* Das Besprühen mit Traumwasser können Sie in Ihre tägliche Routine integrieren, damit die Kinder besser zur Ruhe kommen.

Lesen Sie mit den Kindern Bilderbücher zum Thema „Mittagsschlaf"

Leo Lausemaus will nicht schlafen von Marco Campanella, Verlag: Lingoli

Leon geht schlafen von Linne Bie, Verlag: Oetinger

Albert geht schlafen von Silke Brix und Kirsten Boie, Verlag: Oetinger

Dann schläfst du auch von Sandra Grimm und Kerstin M. Schuld, Verlag: Loewe

Gute Nacht, Dudu! von Annette Swoboda, Verlag: Fischer Schatzinsel

ministeps®. Wenn kleine Tiere müde sind von Ana Weller und Sabine Cuno, Verlag: Ravensburger

Jakobs erste Nacht woanders von Rosemary Wells, Verlag: Sauerländer

Friedlich schlafen kleine Drachen von Annette Swoboda und Paul Maar, Verlag: Oetinger

Wenn Kuscheltiere schlafen gehn von Andreas Német und Hans-Christian Schmidt, Verlag: Oetinger

Ida geht schlafen von Kerstin Völker und Birgit Meyer, Verlag: Coppenrath

Wenn Kinder keinen Mittagsschlaf machen

Manchmal sind die Kinder einfach zu angespannt oder zu ängstlich, um schlafen zu können, vor allen Dingen wenn sie noch neu in der Kindertagesstätte sind. Probieren Sie alle beruhigenden Aktivitäten aus, die oben beschrieben wurden. Das Kind muss Vertrauen zu Ihnen aufbauen, bevor es loslassen und einschlafen kann. Sorgen Sie dafür, dass die Umgebung möglichst reizarm ist und es nichts Interessantes gibt, was das Kind ablenken könnte.

Sollte das Kind bereits 15 bis 20 Minuten lang ruhig in seinem Bettchen oder auf seiner Matratze liegen und wirklich nicht einschlafen können, lassen Sie es wieder aufstehen und leise in einem anderen Raum spielen. Das Kind profitiert trotzdem von dieser Ruhephase. Es ist für Kinder eine regelrechte Qual, wenn sie gezwungen werden, in einem dunklen Raum still zu liegen, obwohl sie nicht schlafen können. Die Energiereserven der Kinder sind sehr unterschiedlich und jedes Kind hat seine individuellen Schlaf- und Wachphasen.

Kleinen Kindern fällt es äußerst schwer, leise zu spielen. Einige Möglichkeiten für ruhiges Spielen sind die Beschäftigung mit Puzzles, Knetmasse oder Bilderbüchern. Wahrscheinlich werden sie trotzdem Laute von sich geben oder singen, denn es fällt Kleinkindern sehr schwer zu flüstern.

Das Aufwachen

Unterschätzen Sie nicht, wie bedeutend diese Übergangsphase ist. Es gibt Kinder, die energiegeladen aufwachen und sofort etwas unternehmen wollen, die meisten Kinder brauchen jedoch etwas Zeit, um wieder zu sich zu kommen.

Sollte man die Kinder schlafen lassen, solange sie möchten, oder soll man sie nach einer gewissen Zeit aufwecken? Die meisten Kinder wachen von alleine auf, wenn die anderen Kinder wach werden, das Licht angeht und der Raum sich wieder mit Leben füllt.

Trotz der Flexibilität und der individuellen Anpassung an die Kinder sollten Sie die Kinder nach etwa zwei Stunden wieder wecken. Die Eltern sind für gewöhnlich auch dankbar, wenn das Kind abends zu einer vernünftigen Zeit müde wird. Manchmal brauchen Kinder dennoch mehr Schlaf als sonst, zum Beispiel, wenn sie in der Nacht zuvor nicht gut geschlafen haben oder wenn sie sich gerade von einer Krankheit erholen. Sprechen Sie mit den Eltern darüber. Sollte ein Kind einen längeren Mittagsschlaf brauchen, kann es vielleicht in einer ruhigen Ecke im Raum noch etwas dösen.

- **Holen Sie die Kinder sanft zurück.** Umarmen Sie das Kind, wenn es wach wird, und kuscheln Sie ein bisschen mit ihm, wenn es das möchte.
- **Begleiten Sie das Kind auf die Toilette oder wechseln Sie seine Windel.**
- **Bieten Sie ruhige Aktivitäten an.**
- **Schalten Sie das Licht wieder an** (jeden Tag zur selben Zeit), legen Sie die Decken zusammen und stellen Sie die Betten oder Matratzen wieder beiseite.

Bieten Sie nach dem Aufwachen einen Nachmittagsimbiss an. Mit einem kleinen Imbiss führen Sie die Kinder wieder gut an die Aktivitäten im Gruppenraum heran. Die Kinder haben höchstwahrscheinlich Hunger und Durst. Ein gesunder Snack gibt ihnen wieder Energie zum Spielen und erleichtert die Kontaktaufnahme zu den anderen.

Der Nachmittag

Ihr Nachmittagsprogramm sollte sich im Wesentlichen nicht vom Vormittag unterscheiden. Es tauchen wieder die gleichen festen Bestandteile auf: Zwischenmahlzeit, drinnen spielen, draußen spielen usw., die einzelnen Abschnitte sind jedoch etwas kürzer. Aus diesem Grund sollten Sie weniger komplexe Aktivitäten planen oder solche, die Sie schneller wieder wegräumen können. Denken Sie daran, dass der Nachmittag die gleichen lehrreichen und gehaltvollen Erlebnisse für die Kinder bereithalten sollte wie der Vormittag.

Verändern Sie etwas. Bringen Sie etwas frischen Wind in den Spielbereich, indem Sie neue Materialien für sensorisches Spiel anbieten oder andere Spielsachen hervorheben.

Unvermeidbare Wartezeiten

Selbst mit der besten Planung kann es vorkommen, dass Sie die Kinder zur Überbrückung eine Weile beschäftigen müssen. Erfahrene Erzieherinnen zaubern bei Bedarf sofort einfache Aktivitäten aus dem Ärmel, um Langeweile zu vermeiden. Es folgen ein paar Vorschläge:

- Singen Sie ein Lied.
- Machen Sie Fingerspiele.
- Nähen Sie eine Hängeaufbewahrung für die Wand mit vielen kleinen Taschen und stecken Sie Spielsachen hinein, damit die Kinder etwas zum Erforschen und Spielen haben.
- Verstecken Sie einen CD-Player oder einen Kassettenrekorder, der Musik abspielt, und lassen Sie die Kinder danach suchen.
- Geben Sie den Kindern eine Schachtel mit alten Grußkarten, die sie sich anschauen können.
- Halten Sie Aufkleber für die Kinder bereit.
- Kleben Sie jedem Kind einen Ring aus Malerkrepp um den Finger.
- Lassen Sie die Kinder mit Pfeifenreinigern spielen.
- Geben Sie den Kindern schöne Serviettenringe zum Spielen.
- Lassen Sie die Kinder im Kreis sitzen und einen Ball hin- und herrollen.
- Sehen Sie sich mit den Kindern zusammen die Familienfotoalben an.
- Für ein abwechslungsreiches Spiel an der Magnettafel kleben Sie auf die Rückseite verschiedener Bilder selbstklebende Magnete.
- Hängen Sie bei der Tür zum Außenbereich Klebefolie an die Wand (mit der Klebeseite nach oben) und legen Sie für die Kinder interessante Gegenstände zum Ankleben daneben.
- Füllen Sie durchsichtige Plastikflaschen und -schläuche mit interessanten Kleinteilen und legen Sie diese in eine Kiste.
- Bieten Sie den Kindern neue Bücher zum Anschauen an.

Übergänge im kindlichen Verhalten

In einer Kleinkindgruppe kann die Stimmung schnell vom friedlichen Zusammenspiel in aggressives Verhalten umschlagen. Obwohl Kleinkinder unbedingt Freunde haben und mit anderen Kindern gut auskommen möchten, betrachten sie die Welt vorwiegend aus ihrer eigenen Perspektive. Sie beginnen gerade erst zu lernen, dass Geben und Nehmen in freundlicher verbaler Auseinandersetzung geklärt werden können. Es liegt sehr viel mehr in ihrer Natur, Konflikte körperlich durch Hauen, Treten, Beißen usw. auszutragen. Einige Kinder neigen zu Wutanfällen, wenn sich bei ihnen Frustrationen anstauen. Andere heulen und jammern stattdessen. Erzieherinnen im Kleinkindbereich verbringen viel Zeit damit, Kindern bei der Konfliktbewältigung zu helfen. Sie können einiges tun, damit sich solche Ausbrüche nicht häufen.

- **Betreuen Sie Kleinkinder in kleinen Gruppen.** Selbst bei einem idealen Mitarbeiter-Kind-Verhältnis treten Aggressionen vermehrt in größeren Kindergruppen auf. Es gibt mehr Konkurrenz, die Kinder sind schneller abgelenkt und überfordert, sodass schnell Frustrationen entstehen.
- **Arbeiten Sie mindestens zu zweit.** Es ist einfacher, aufkommende Spannungen im Auge zu behalten und zu intervenieren, wenn es eine weitere Erzieherin gibt, die die Gruppe beaufsichtigt. Einzelbeschäftigungen und Aktivitäten sind auf diese Weise besser durchführbar.
- **Sorgen Sie für eine gute Raumaufteilung.** Vermeiden Sie es, zu viele Kinder auf einem Fleck zu versammeln. Schirmen Sie lebhafte Aktivitäten von ruhigen ab und richten Sie gemütliche Ecken und Nischen ein.
- **Schreiten Sie ein, bevor es kritisch wird.** Manchmal spüren Sie, dass eine angespannte Atmosphäre entsteht. Beginnen Sie eine neue Aktivität, um davon abzulenken. Wechseln Sie den Raum: Ein kleiner Spaziergang durch den Flur reicht häufig aus. Wechseln Sie das Tempo der Aktivität oder stellen Sie Musik an. Sie können sich auch einfach mit ein paar Büchern auf den Boden setzen.
- **Ablenken und umleiten.** Schwenken Sie schnell auf eine andere Aktivität um, wenn Kinder anfangen, sich unangemessen zu benehmen. Lenken Sie die Kinder durch eine neue Sache ab oder starten Sie eine Aktivität, die der unangebrachten sehr ähnlich ist, zum Beispiel mit Bällen statt mit Sand zu werfen.
- **Bleiben Sie immer in der Nähe.** Wahrscheinlich wissen Sie genau, welche Kinder schnell aggressiv werden. Bleiben Sie in ihrer Nähe, spielen Sie mit ihnen und halten Sie sich bereit, um sie zu positivem Verhalten zu ermuntern, wenn sie mit einer schwierigen Situation umgehen müssen.
- **Gehen Sie mit gutem Beispiel voran.** Kinder lernen von ihren Hauptbezugspersonen, wie man sich benimmt. Begegnet man ihnen mit Freundlichkeit und Verständnis, ist es wahrscheinlicher, dass sie sich auch in diese Richtung entwickeln.

Ein neuer Anfang

Wenn ein Kind aufgrund eines Aussetzers aus der Gruppe genommen werden musste und dann wieder in die Gruppe integriert werden soll, erfordert dieser Übergang Geschick und Feingefühl. Nehmen Sie das Kind kurz aus der Gruppe und verweigern Sie ihm die Teilnahme an einer Aktivität, um ihm seine Grenzen aufzuzeigen und ihm zu zeigen, wie es sich besser verhalten kann. Sorgen Sie anschließend dafür, dass Sie zwischen Ihnen und dem Kind wieder ein gutes Verhältnis aufbauen.

- **Fangen Sie etwas anderes an.** Kehrt das Kind in die Gruppe zurück, sollten Sie seine Aufmerksamkeit auf etwas anderes lenken als das, womit es beschäftigt war, bevor sich der Vorfall ereignete. Ein Tastspiel oder ein anderes Spiel zur sensorischen Wahrnehmung bietet sich gut an, da es beruhigend wirkt und nicht allzu viel Kompromissbereitschaft erfordert.
- **Spielen Sie eine Weile allein mit dem Kind.** Das ist nicht besonders einfach, wenn Sie sich über das Kind geärgert haben und Ihre Nerven am Boden liegen. Die Zeit, die in das gemeinsame Spiel investiert wird, lohnt sich jedoch für beide Seiten. Es geht darum, wieder ein freundschaftliches Verhältnis zueinander aufzubauen. Wenn das Kind denkt, dass Sie es nicht mehr gernhaben, bemüht es sich vielleicht gar nicht mehr, sich wieder einzugliedern, und verhält sich zunehmend unangemessen. Spielen Sie gemeinsam mit Autos, in der Sandkiste oder mit Knetmasse, um dem Kind zu vermitteln, dass es gute Ideen hat und dass Sie gern mit ihm zusammen sind. Der jetzige Zeitpunkt ist nicht geeignet, um über sein Fehlverhalten zu sprechen.
- **Loben Sie das Kind für gutes Benehmen.** Überlegen Sie sich etwas Positives, wofür Sie das Kind loben können, damit es merkt, dass Sie es noch mögen.

Der Umgang mit Wutanfällen

Emotionale Ausbrüche im Kleinkindalter wie Wutanfälle können den Tagesablauf empfindlich stören. Ein brüllendes Kind, das völlig außer Kontrolle ist, bringt sich und andere Kinder schnell in Gefahr und erschwert es, mit den geplanten Aktivitäten fortzufahren. Die Situation lässt sich etwas leichter handhaben, wenn Sie eine Standardmethode entwickelt haben, um mit solchen emotionalen Ausbrüchen umzugehen.

- **Wutanfälle nach Möglichkeit verhindern.** Sie wissen wahrscheinlich, welche Situationen bei bestimmten Kindern Wutausbrüche auslösen, und sind somit in der Lage, diese zu verhindern. Es hilft bereits, wenn Sie die Kinder mit interessanten Spielaktivitäten bei Laune halten.

- **Nicht nachgeben.** Sie sind vielleicht versucht, einzulenken und dem Kind seinen Willen zu lassen, um einen Ausbruch zu verhindern, aber damit zeigen Sie dem Kind nur, dass seine Strategie funktioniert. Unterstützen Sie solche negativen Verhaltensweisen auf keinen Fall.
- **Zeigen Sie Mitgefühl.** Zeigen Sie dem Kind, dass Sie verstehen, wie es sich fühlt: *„Ich weiß, es ist wirklich schwer abzuwarten, bis man an der Reihe ist, wenn man etwas unbedingt tun möchte. Aber ich helfe dir beim Warten."*
- **Wählen Sie einen geeigneten Platz aus.** Bringen Sie die Kinder immer an den gleichen Ort (nicht in ihr Bett oder auf ihre Matratze), wenn sie einen Wutanfall haben. Sie sollten ihn gut beaufsichtigen können und es sollte dort ein paar große Kissen und andere weiche Gegenstände geben. Der gewählte Ort sollte jedoch nicht ausschließlich dazu dienen, Kinder in kritischen Situationen zu isolieren. Er sollte auch für andere Zwecke genutzt werden.
- **Trennen Sie das Kind von der Gruppe.** Bringen Sie das Kind zu dem gerade beschriebenen Ort und sagen Sie ihm: *„Du kannst hier bei den weichen Sachen bleiben, bis du dich besser fühlst und wieder mit uns zusammen sein kannst. Wir sind da drüben."* Das Kind lernt vielleicht von selbst zurückzukehren und Sie nehmen es dort wieder in Empfang. Oder Sie holen es wieder und laden es zum Spielen ein: *„Was meinst du, hast du nun genug geweint? Wir würden uns freuen, wenn du wieder zu uns kommst."*
- **Bieten Sie Wasser an.** Nachdem das Kind eine Weile herumgebrüllt hat, kann es sich manchmal besser beruhigen, wenn Sie ihm ein Glas Wasser anbieten.
- **Machen Sie einen Spaziergang.** Vielleicht lässt es sich einrichten, dass Sie das Kind an die Hand nehmen und ein bisschen außerhalb des Gruppenraumes mit ihm spazieren gehen, damit es sich wieder beruhigt. Sprechen Sie in diesem Moment aber nicht sein Fehlverhalten an.
- **Helfen Sie dem Kind, sich wieder einzugliedern.** Lesen Sie hierzu die zuvor beschriebenen Hinweise.
- **Bleiben Sie gelassen.** Machen Sie ein freundliches Gesicht, das ist vielleicht wichtiger als alles andere. Spiegeln Sie nicht die Gefühle des Kindes wider. Das kann den Ausbruch schnell zum Eskalieren bringen.

Schlechtwetter-Aktivitäten

Tage, an denen Sie aufgrund des schlechten Wetters drinnen bleiben müssen, können sehr problematisch sein. Die Vorteile, die sich aus dem Spiel im Freien ergeben, werden erst richtig deutlich, wenn die Kinder die Einrichtung nicht verlassen können. Damit Sie solche Schlechtwetterphasen gut überstehen, sollten Sie sich eine Reihe alternativer Aktivitäten überlegen, die Sie *nur* dann anbieten, wenn die Kinder eigentlich draußen wären. Idealerweise bieten diese Aktivitäten den Kindern einen vergleichbaren Nutzen wie die Aktivitäten im Außenbereich. Um welche Art von Nutzen geht es dabei? Das wollen wir hier näher beleuchten und Ihnen ein paar Vorschläge an die Hand geben.

Wechseln Sie mit den Kindern die Umgebung

Eine veränderte Sicht auf die Dinge kann sehr erfrischend sein. Ein Kind, das Probleme hat, kann diese schnell hinter sich lassen, wenn es die Situation aus einer anderen Perspektive betrachtet. Wie können Sie innerhalb Ihrer Einrichtung für die 45 Minuten, in denen die Kinder eigentlich draußen wären, einen Szenenwechsel bewerkstelligen?

- **Machen Sie einen Spaziergang.** Holen Sie das Seil für Spaziergänge (siehe S. 99) und machen Sie einen Rundgang durch die Kindertagesstätte. Gehen Sie den Flur entlang und in andere Gruppenräume hinein, wenn das möglich ist.
- **Tauschen Sie die Räume.** Vielleicht können Sie den Gruppenraum mit einer anderen Gruppe tauschen? So bekommen beide Gruppen für eine Weile etwas anderes zu sehen.
- **Legen Sie eine Turnstunde ein.** Einige Kindertagesstätten verfügen über eine Art Turnhalle oder einen kleinen Mehrzweckraum, in dem die Kinder spielen können und grobmotorische Aktivitäten möglich sind.

- **Bauen Sie Höhlen.** Bauen Sie Tunnel und Höhlen aus Kartons und Decken. Wenn Sie den Kindern eine Taschenlampe geben, macht es noch mehr Spaß.
- **Bieten Sie besondere Spielgeräte an.** Halten Sie ein paar Spielgeräte für grobmotorische Aktivitäten zum ausschließlichen Gebrauch im Innenbereich bereit und setzen Sie diese nur dann ein, wenn Sie nicht nach draußen gehen können. Schieben Sie ein paar Möbel beiseite, falls das erforderlich ist, damit Sie genug Platz für die Spielgeräte haben. Es gibt viele Möglichkeiten, z. B. eine Wippe, einen oder mehrere Tunnel, eine große Auswahl an Bällen, eine Rutsche, Turnmatten und Fahrzeuge für den Innenbereich. Wichtig ist, dass diese Geräte etwas Besonderes bleiben.
- **Ein Zug aus Stühlen.** Dieses Spiel ist ein Klassiker und begeistert Kleinkinder immer wieder. Manchmal bauen sie sich selbst einen Zug aus Stühlen. Sie spielen aber auf alle Fälle mit, sobald das Spiel durch jemanden initiiert wird. Mit Stofftieren, Puppen und Geräuschen macht es noch mehr Spaß. Singen Sie dazu das Lied „Auf der schwäb'schen Eisenbahne".
- **Basteln Sie Strumpfbälle.** Schneiden Sie die Beine einer alten Damenstrumpfhose ab oder verwenden Sie alte Kniestrümpfe. Machen Sie am einen Ende einen Knoten. Stopfen Sie eine Handvoll Füllmaterial hinein und machen Sie direkt darüber wieder einen Knoten. Dann schneiden Sie den ersten Stoffball ab und basteln aus dem verbleibenden Ende weitere. Aus jedem Bein lassen sich etwa sechs Strumpfbälle herstellen.

Laut sprechen und tief durchatmen

Bringen Sie den Kreislauf der Kinder auf Trab und sorgen Sie für eine gute Durchblutung des Gehirns. Lautes Sprechen erfordert tiefes Einatmen. Die Kinder zum Lautsein zu bewegen ist nicht das Problem, aber sie wieder zu beruhigen, erfordert Geduld.

- **Spielen Sie laute Spiele.** Die Kinder sollen ihre Arme seitlich ausstrecken und wie ein Flugzeug durch den Raum „fliegen". Fordern Sie dazu auf, dabei zu brummen und zu röhren und dann ihren Motor abzustellen.
- **Bringen Sie den Kindern das Flüstern bei.** Für Kleinkinder ist Flüstern ein neues und faszinierendes Spiel.
- **Machen Sie Atemübungen.** Spiele, bei denen sie so tun, als seien sie ein Ballon, und mit ausgebreiteten Armen durch den Raum „schweben", helfen Kindern, tief durchzuatmen.
- **Spielen Sie mit dem Schwungtuch (Fallschirm).**
- **Strecken und recken Sie sich mit den Kindern.** Machen Sie den Kindern einfache Bewegungen vor, bei denen sie sich strecken und recken. Es wird ihnen großen Spaß machen, Sie zu imitieren.

Spiele zur sensorischen Wahrnehmung

Kinder spielen draußen sehr gern mit Sand und Wasser. Bieten Sie den Kindern am Tisch für sensorisches Spiel die Möglichkeit, sich mit einem kühlen, feuchten und beruhigenden Material zu beschäftigen, am besten mit Ton.

Aktivität für Übergänge

Die lustige Schlechtwetterspielkiste

Das brauchen Sie
- eine große verzierte Kiste oder Schachtel
- eine Auswahl an besonderen Materialien, wie zum Beispiel Spielzeug, das die Kinder lange nicht benutzt haben, sowie Lego®-Steine, Puzzles, unterschiedlich geformte Behälter in verschiedenen Größen, die Deckel oder auch Griffe haben (aber nicht alles gleichzeitig anbieten)

- einen Schuhkarton mit Deckel, in dem sich ein paar „Schätze" befinden, wie zum Beispiel bunte Anstecker, Material zum Ertasten oder ein kleines Stofftier bzw. eine Puppe
- durchsichtige Plastikflaschen mit allerlei kleinen Teilen darin, die man durcheinanderschütteln kann
- Küchenutensilien und Plastikschüsseln
- Utensilien für die Körperpflege, wie zum Beispiel Kämme, Zahnbürsten und kleine Waschlappen
- bunte Schals
- Wachsmalstifte mit Glitter
- Bücher mit unterschiedlichen Oberflächen zum Anfassen und Fühlen

Das tun Sie
Machen Sie sich den Reiz des Neuen zunutze, um die Aufmerksamkeit der Kinder zu erlangen und um ihre Konzentration wiederherzustellen. Arbeiten Sie nur in Schlechtwettersituationen mit dieser ganz besonderen Kiste und variieren Sie den Inhalt von Zeit zu Zeit.

Der Tag neigt sich dem Ende zu

Es ist nicht unüblich, dass die Qualität der Kinderbetreuung und -erziehung am späten Nachmittag etwas nachlässt. Viele Erzieherinnen, die mit kleinen Kindern arbeiten, klagen über diese Zeit, in der langsam die Kräfte schwinden. Nicht nur die Kinder, sondern auch die Erwachsenen können jetzt müde und gereizt sein. Im Gruppenraum herrscht wahrscheinlich noch Unordnung und zu dieser Zeit arbeiten häufig unerfahrene Mitarbeiterinnen in der Kindertagesstätte. Genau zu diesem Zeitpunkt kommen die ersten Eltern, um ihre Kinder abzuholen. Sie erleben dabei nicht gerade Ihre Bestform, sondern eher das Gegenteil davon. Mit den folgenden Tipps können Sie sich durch vorausschauende Planung gut auf diese Zeit vorbereiten.

Geben Sie den Kindern am späten Nachmittag Saft zu trinken. Bei zu geringer Flüssigkeitszufuhr sind Kinder schnell reizbar und nicht mehr ganz auf der Höhe. Ein hundertprozentiger Fruchtsaft (kein Zuckerwasser) und ein bisschen Protein, z. B. Käsewürfel, wirken oft Wunder. Außerdem können sich die Kinder besser konzentrieren, nachdem sie am Tisch gesessen, in Ruhe gegessen und damit eine kleine Regenerierungsphase durchlaufen haben.

Grenzen Sie den Spielbereich ein. Natürlich können Sie einige Bereiche des Gruppenraums, in denen es sehr unordentlich ist, wie zum Beispiel die Ecke mit den Bauklötzen oder den Tisch für sensorisches Spiel, für die Kinder nicht mehr zugänglich machen. Sie müssen den Kindern um diese Zeit auch kein kleinteiliges Spielzeug mehr anbieten. Trotzdem sollten den Kindern weiterhin interessante Spieloptionen zur Verfügung stehen, und zwar nicht nur Wachsmalstifte zum Kritzeln, sondern jeden Tag etwas anderes. Sorgen Sie für Abwechslung.

Der Reiz des Neuen. Bieten Sie den Kindern zu diesem Zeitpunkt Materialien an, die ihnen heute noch nicht zur Verfügung standen.

- **Zeit für Körperpflege.** Nehmen Sie sich am Ende des Tages Zeit, um die Kinder zu waschen und für den Heimweg vorzubereiten. Führen Sie diese Aktion durch, um das Selbstwertgefühl der Kinder zu steigern. Stellen oder legen Sie einen schönen Spiegel bereit und platzieren Sie einen Stapel feuchter Waschlappen daneben. Immer nur ein Kind stellt sich vor den Spiegel, um sich dort mit dem Waschlappen das Gesicht zu waschen. Helfen Sie ihm bei Bedarf. Bürsten Sie ihm das Haar und bewundern Sie das Kind. Sprechen Sie über seine Augen, sein Haar usw. Nachdem alle Kinder fertig sind, bewundern Sie die Gruppe, wie gut sie aussehen und wie hübsch sie sich gemacht haben.
- **Ein bisschen Extrazuwendung.** Die Zeit, in der nur noch ein oder zwei Kinder in der Kindertagesstätte sind, weil die anderen bereits abgeholt wurden, ist häufig etwas betrübt. Nutzen Sie diese Zeit, um den Kindern besondere Aufmerksamkeit zu schenken. Vielleicht mag eines von ihnen ein sehr gefragtes Spielzeug besonders gern. Dann könnten Sie es jetzt holen und das Kind ohne Konkurrenz damit spielen lassen. Sie können auch ein besonders schönes Buch für diese Zeit aufbewahren oder dem Kind im Schaukelstuhl ein paar Extraschmuseeinheiten gönnen.
- **Bieten Sie beruhigende Aktivitäten an, bei denen man sich nicht schmutzig macht.** Hierzu im Folgenden ein paar gute Vorschläge.

Aktivitäten für Übergänge

Kunst im Beutel

Das brauchen Sie

- Gefrierbeutel mit Zippverschluss (eine Art Reißverschluss)
- Tempera- oder Fingerfarbe in zwei Farbtönen

Das tun Sie

Das Kind darf zwei verschiedene Farben wählen. Füllen Sie jeweils einen Löffel von jeder Farbe in den Plastikbeutel und schließen Sie den „Reißverschluss". Nun kann das Kind die Farbe im Beutel drücken, kneten, schieben, mit dem Finger auf den Beutel „malen" usw.

Rasierschaumkunst

Das brauchen Sie

- Gefrierbeutel mit Zippverschluss (eine Art Reißverschluss)
- Rasierschaum
- Lebensmittelfarbe

Das tun Sie

Füllen Sie etwas Rasierschaum in den Beutel. Das Kind wählt zwei verschiedene Farben, von denen Sie jeweils ein paar Spritzer in die zwei gegenüberliegenden Ecken des Rasierschaumbeutels geben. Dann schließen Sie den Beutel und das Kind kann die Farben durch Drücken und Schieben vermischen. Diese Aktivität wirkt sehr beruhigend.

Die Geschichte unseres Tages

Das tun Sie

Erzählen Sie den Kindern eine kurze Geschichte über die Geschehnisse des Tages, als würden Sie ein Märchen erzählen. *„Es war einmal eine großartige Kindergruppe, die nannten sich die Tigerenten. Sie kamen morgens bei Frau Schmidt an und nun ratet mal, was sie den Kindern zum Spielen vorbereitet hatte? Knetmasse! Als sie damit genug gespielt hatten, gingen sie alle nach draußen und Frau Schmidt gab Max auf der Schaukel Schwung. Dann ist Lisa auf dem Pferdchen im Kreis herumgeritten ..."* Wiederholen Sie den gesamten Tagesablauf und erwähnen Sie auch, was es zu essen gab, den Mittagsschlaf usw. Achten Sie darauf, wie aufmerksam die Kinder zuhören und ob sie stolz sind, wenn sie ihren Namen hören.

Diese Aktivität gibt den Kindern eine mündliche Zusammenfassung dessen, was sie gemacht haben, und lässt den Tag angenehm ausklingen.

Wiedersehen mit den Eltern

Jetzt wird es dramatisch! Das Wiedersehen ist immer eine sehr emotionale Angelegenheit. Zu dieser Tageszeit sind die Eltern oft in Eile oder haben sich gerade durch den Feierabendverkehr gekämpft und sind dementsprechend gereizt. Es folgen ein paar Tipps, wie Sie diese Situation entschärfen können.

- **Bitten Sie die Eltern, sich um eine feste Abholzeit zu bemühen**, d. h., das Kind nach Möglichkeit immer um dieselbe Zeit abzuholen. (Das soll nicht heißen, dass sie nicht ab und zu früher kommen dürfen.) Das Kind ist besser auf das Abholen vorbereitet und kann sich entspannen, wenn es zum Beispiel bemerkt, dass seine Mutter oder sein Vater immer direkt nach der Vorlesezeit kommt.
- **Legen Sie die Sachen des Kindes an einer bestimmten Stelle bereit.** Es ist hilfreich für die Eltern, wenn sie nicht erst nach der Jacke, den Socken usw. suchen müssen.
- **Ist das Lieblingsstück griffbereit?** Sorgen Sie dafür, dass die Schmusedecke oder das Lieblingsstofftier des Kindes für den Heimweg griffbereit in seinem Fach liegt.
- **Suchen Sie die Notizen für die Eltern zusammen.** Kindertagesstätten haben unterschiedliche Methoden, wie sie die Eltern schriftlich über das Tagesgeschehen auf dem Laufenden halten. Einige Erzieherinnen füllen Vordrucke über das Tagesprogramm, das Windelnwechseln oder die Mahlzeiten aus. Andere schreiben diese Informationen in Notizhefte, die zwischen Elternhaus und Kindertagesstätte hin und her wandern. Sorgen Sie dafür, dass diese Notizen vollständig ausgefüllt und griffbereit sind.
- **Informieren Sie die Eltern über das Tagesgeschehen.** Mit Sofortbild- oder Digitalkameras kann man den Eltern prima zeigen, was den Tag über los war. Zeigen Sie den Eltern die Bilder entweder einzeln oder hängen Sie sie an das Nachrichtenbrett.
- **Halten Sie sich für kurze Gespräche bereit.** Bieten Sie Aktivitäten an, die sich leicht beaufsichtigen lassen (siehe S. 117–118), damit Sie sich mit den Eltern unterhalten und trotzdem ein Auge auf die Kinder haben können. Das Vorlesen einer Geschichte bietet sich zum Beispiel

nicht an, wenn Sie die Kinder alleine betreuen. Jedes Mal, wenn Sie die Geschichte unterbrechen, um sich mit den Eltern zu unterhalten, werden die Kinder abgelenkt.

- **Begrüßen Sie die Person, die das Kind abholt, herzlich und nennen Sie ihren Namen.** Das wirkt sofort entspannend. Sollten Sie die Person nicht kennen, lassen Sie sich den Ausweis zeigen und schauen Sie nach, ob sie in der Kartei des Kindes zum Abholen berechtigt ist.
- **Erzählen Sie den Eltern etwas Positives**, zum Beispiel von einer niedlichen Handlung oder Äußerung, die das Kind im Tagesverlauf gemacht hat, oder von einer Aktivität, an der es Freude hatte usw. Positive Aussagen dieser Art machen den Eltern deutlich, dass Sie sich gern um ihr Kind kümmern.
- **Weisen Sie auf die Wiedersehensfreude hin.** Sorgen Sie dafür, dass die Eltern beim Wiedersehen den freudigen Gesichtsausdruck ihres Kindes bemerken. Bestätigen Sie dem Elternteil immer wieder, dass er die Nummer eins für das Kind ist: *„Wir hatten heute einen schönen Tag und haben mit ganz vielen unterschiedlichen Dingen gespielt. Aber nun schauen Sie mal, wie er/sie sich freut, wenn Sie hereinkommen! Man sieht gleich, dass Sie etwas ganz Besonderes für ihn/sie sind."* Es ist äußerst wichtig, dass Sie die Eltern auf die Freude des Kindes hinweisen und sie in ihrer Rolle als wichtigste Bezugspersonen bestätigen. Zum Bewusstmachen der Wiedersehensfreude könnten Sie auch Fotos von schönen Wiedersehensszenen aufhängen.

Aktivität für Übergänge

Eltern und Kind lesen beim Wiedersehen ein Buch

Die Eltern sollen sich beim Wiedersehen die Zeit nehmen, gemeinsam mit ihrem Kind das Buch zu lesen, das sie am Morgen ausgesucht haben (siehe S. 59). Bieten Sie ein nettes, gemütliches Plätzchen an, an dem sie das Buch gemeinsam anschauen können. Anschließend sollen sie es wieder in den dafür vorgesehenen Korb zurücklegen.

Was tun, wenn das Kind beim Wiedersehen Theater macht?

In der Regel verläuft das Wiedersehen freudig. Es kommt jedoch auch vor, dass Kinder weinen oder weglaufen, wenn die Eltern kommen. Für die Eltern ist so etwas sehr peinlich und es könnten ihnen dabei die Gedanken aufkommen, dass das Kind sie nicht so lieb hat wie die Erzieherin oder die Kindertagesstätte seinem Zuhause vorzieht. In so einem Moment brauchen die Eltern Ihre volle Unterstützung. Erklären Sie ihnen, dass das Kind weint, um Spannungen abzubauen, wenn die Menschen kommen, die es am meisten liebt. Jetzt fühlt es sich sicher. Versichern Sie den Eltern, dass das Weinen für kleine Kinder typisch ist. Erinnern Sie sie daran, dass ihr Kind am Morgen ebenfalls geweint hat, als es von ihnen Abschied nehmen musste. Diese Art von Wiedersehensweinen kommt in der Regel nur in der Zeit vor, in der das Kind noch neu in der Kindertagesstätte ist.

Es passiert noch etwas anderes Interessantes, wenn die Eltern kommen: Erzieherin und Eltern betreten eine Art Niemandsland, was ihre Zuständigkeiten anbelangt. Oft nutzen Kinder diesen Zeitpunkt aus und spielen mit der ungeklärten Zuständigkeit. Die Erzieherin zögert, das Kind zu korrigieren oder sich in eine Situation einzumischen, weil der Elternteil da ist. Der Elternteil greift nicht ein, weil er denkt, dass die Erzieherin in der Einrichtung das Sagen hat. Welches Kleinkind nutzt eine solche Situation nicht aus? Es empfiehlt sich, schon im Voraus mit den Eltern darüber zu sprechen, um die Situation entspannt zu regeln.

Ein beliebter Trick der Kleinkinder ist, vor den Eltern wegzulaufen und sich nicht einfangen zu lassen, was dem Elternteil meistens ziemlich auf die Nerven geht. Je eiliger es die Eltern haben, desto eher scheinen sich die Kinder so zu verhalten. Vielleicht ist es einfach eine Methode, die das Kind entwickelt hat, um den Kontakt zum Elternteil wieder herzustellen. Fangen Sie das Kind ein und sagen Sie: *„Du denkst, du kannst weglaufen, aber wir fangen dich."*

Wenn das Kind schreit und protestiert, nehmen Sie es nur kurz in den Arm und sagen: *„Ich weiß, wir haben hier eine Menge Spaß, aber nun wollen wir alle nach Hause und da wird es auch ganz toll! Wir sehen uns morgen wieder!"*

Aktivität für Übergänge

Abschiedslied

Das tun Sie
Ermuntern Sie die anderen Kinder, zu winken und dieses kleine Lied nach der Melodie des Gospels „He's got the whole world in his hands" zu singen, wenn ein Kind abgeholt wird.

Komm gut nach Hause, Thomas,
auf Wiederseh'n,
komm gut nach Hause, Thomas,
auf Wiederseh'n.
Bis morgen (Montag) früh, Thomas,
auf Wiederseh'n,
dann könn'n wir wieder spielen geh'n.

Das Kind, das abgeholt wird, kann natürlich auch zum Abschied winken. Das stärkt die freundschaftlichen Bande zwischen den Kindern.

Herzlichen Glückwunsch!

Nun haben Sie das Ende des Tages erreicht. Nehmen Sie sich einen Moment Zeit, ihn Revue passieren zu lassen. Denken Sie darüber nach, was heute alles gut gelaufen ist. (Fangen Sie immer mit den positiven Dingen an.) Bringen Sie Ihren Gruppenraum in Ordnung. Denken Sie auch darüber nach, was Sie für den nächsten Tag geplant haben, und ändern Sie etwas oder legen Sie schon Materialien zurecht, die Sie gleich am Morgen brauchen. Schreiben Sie gegebenenfalls noch etwas für die Mitarbeiterin auf, die am nächsten Morgen als Erste in der Einrichtung ankommt.

Denken Sie nun an Ihren eigenen Übergang zurück in das „richtige Leben". Eine Erzieherin erzählte mir, dass sie zum Abschalten und um Spannungen abzubauen, immer ihre Autofenster herunterkurbelt und auf dem ganzen Weg nach Hause laute Musik hört. Manche setzen sich in Ruhe hin und trinken eine Tasse Tee. Eine andere Erzieherin hat vielleicht einen kleinen Spaziergang in der Natur zu Ihrem Feierabendritual gemacht. Wieder andere steigen in die Badewanne. Entwickeln Sie Ihr eigenes Ritual für diese Übergangsphase. Gehen Sie nach Hause und genießen Sie den nächsten Abschnitt Ihres Tages in dem Bewusstsein, dass die Kinder in Ihrer Obhut heute wieder eine gute Erfahrung mehr gemacht haben.

Kapitel 5
Mitarbeiterschulung für problemlose Übergänge

Ob Sie nun neue Mitarbeiterinnen einarbeiten, ein bestimmtes Thema mit erfahrenen Kolleginnen zusammen neu beleuchten oder einen Workshop anbieten möchten, es lohnt sich immer, verschiedene Themen aus einem anderen Blickwinkel zu betrachten, um neue Einblicke zu gewinnen.

Die eigenen Erfahrungen

Es empfiehlt sich bei jedem Thema, zunächst einmal die persönlichen Erfahrungen und Ansichten der zu schulenden Personen zu betrachten. Jeder soll für sich herausfinden, wie er generell zum Thema „Übergänge" eingestellt ist. Bitten Sie die Personen, von einigen Übergängen zu berichten, die sie erlebt haben, wie zum Beispiel vom Wechsel in eine weiterführende Schule, vom Beginn ihrer Ausbildung, von der Heirat, vom Kinderbekommen, von einer neuen Arbeitsstelle, dem Verlust eines Elternteils und so weiter. Wie haben sie sich dabei gefühlt? Was hat ihnen geholfen? Was hätte es ihnen leichter gemacht? Wahrscheinlich nennen sie Aspekte wie Proben, genau wissen, was auf einen zukommt, oder einen verlässlichen Ansprechpartner, bei dem man genau weiß, was man erwarten kann. Dann helfen Sie den zu schulenden Personen, diese Ideen auf die Babys und Kleinkinder in ihrer Obhut zu übertragen. Wie können sie dafür sorgen, dass sich ein Kind sicher fühlt? Wie können sie dem Kind so etwas wie „Probedurchläufe" anbieten? Auf wen kann sich das Kind verlassen? Woher weiß das Kind, was es tun soll?

Nonverbale Kommunikation

Gibt es zwei Erzieherinnen in der Gruppe, die eine Sprache sprechen, die keiner der Fortbildungsteilnehmerinnen versteht? Bitten Sie die beiden, sich in ihrer Sprache zu unterhalten und dabei so zu tun, als seien sie ängstlich, wütend, müde, glücklich, liebevoll und so weiter. Wissen die Beobachter, worum es geht und welche Gefühle ausgedrückt werden? Alternativ können Sie auch einfach jemanden bitten, diese Gefühle vorzuspielen und dabei eine Fantasiesprache zu benutzen oder gar nicht zu sprechen. Fragen Sie die Leute, woran sie erkannt haben, um welche Gefühle es ging. Am Gesichtsausdruck? Anhand von Gesten? Am Tonfall?

Bitten Sie die Teilnehmerinnen, an ihre Haustiere zu denken. Besonders Hunde wissen schon im Voraus ganz genau, wann ihr Herrchen weggeht, etwas essen wird, eine Reise macht und so weiter. Woher wissen sie das? Wiederkehrende Handlungen, spezielle Gerüche, bestimmte Kleidungsstücke, besondere Gegenstände und vieles mehr geben dem Tier Hinweise. Machen Sie deutlich, dass auch Kleinkinder durch solche Signale lernen.

Lassen Sie die Fortbildungsteilnehmerinnen weitere nonverbale Hinweise auf bestimmte Handlungen aufzählen, mit denen wir täglich zu tun haben: Wecker, Ampeln, der Geruch von Essen, das gerade zubereitet wird, usw. Auch dieses Prinzip sollen sie nun wieder auf die Kindertagesstätte übertragen. Woran erkennen Kinder, was als Nächstes passiert? Bitten Sie die Teilnehmerinnen, über weitere nonverbale Signale nachzudenken, die sie in ihre Tagesroutine einflechten können, und diese aufzuschreiben.

Babys füttern

Machen Sie ein interessantes kleines Experiment, indem Sie jeweils zwei Personen bitten, sich gegenseitig mit Apfelmus oder Pudding zu füttern. Wenn man in die Rolle des Babys schlüpft, wird einem stärker bewusst, wie wichtig es ist, dass das Kind genug Zeit zum Schlucken braucht und dass man genau darauf achtet, wann es für den nächsten Löffel bereit ist.

Thematisieren und sprechen Sie auch darüber, wie man mit Babys umgeht, die Hunger haben und darauf warten, dass sie gefüttert werden, während die Erzieherin noch mit einem anderen Kind beschäftigt ist. Führen Sie das auf den Seiten 38–39 beschriebene Beispiel mit dem Restaurant an, wie man sich fühlt, wenn einen die Bedienung nicht beachtet. Fragen Sie die Teilnehmerinnen nach anderen Situationen, in denen sie, obwohl sie sich um Aufmerksamkeit bemüht haben, ignoriert wurden. Lassen Sie sie beschreiben, was sie in diesem Moment empfunden haben. Legen Sie abschließend jedem ans Herz, die wartenden Babys zu beachten und mit ihnen zu sprechen.

Rituale

Jede Teilnehmerin soll einmal darüber nachdenken, was ein Ritual ist und welche Rituale es in ihrem eigenen Leben gibt. Das kann das Feiern von Weihnachten sein, was man tut, bevor man zu Bett geht, wie man seinen Kaffee zubereitet usw. Diskutieren Sie über den Gebrauch von Ritualen und fragen Sie, warum wir sie befolgen. Sie tragen zum Wohlbefinden bei und geben uns ein Gefühl von Zugehörigkeit. Außerdem helfen sie den Menschen, sich an bestimmte Ereignisse zu erinnern.

Nun soll jeder Rituale aufzählen und beschreiben, die er bereits in seine tägliche Routine mit den Kindern integriert hat. Machen Sie sich anschließend Gedanken über weitere Rituale, die in das Tagesgeschehen eingebaut werden könnten, und diskutieren Sie darüber, welchen Zweck diese Rituale erfüllen.

Lustige Aktivitäten für den Nachmittag oder bei schlechtem Wetter

Diskutieren Sie in der Gruppe darüber, warum der späte Nachmittag für die Kinder ebenso eine wertvolle Zeit ist wie der Rest des Tages.

Erörtern Sie, warum diese Zeit problematisch sein kann, und sammeln Sie Lösungsvorschläge. Bitten Sie alle Teilnehmerinnen, mindestens eine Aktivität zur Teamsitzung mitzubringen, die sie gern am späten Nachmittag anbieten. Sie könnten daraus einen kleinen Workshop machen.

Stellen Sie für jede Gruppe eine Spielkiste für den späten Nachmittag zusammen, ähnlich der Schlechtwetterkiste, wie sie auf Seite 115 f. beschrieben wird. Die Erzieherinnen könnten eine beliebte CD oder Kassette mit Musik abspielen oder ein besonderes Buch zeigen und vorlesen, wie zum Beispiel Fühlbücher mit unterschiedlichen Materialien zum Anfassen. Sie können den Kindern auch Stofftiere zum Spielen anbieten. Mit farbenfrohen, transparenten Tüchern oder Schals kann man auch prima spielen. Legen Sie die Spielsachen und die anderen Utensilien anschließend in die Spielkiste für den späten Nachmittag zurück und holen Sie die Kiste auch wirklich nur zu dieser Tageszeit heraus. So bleibt sie etwas Besonderes.

Das Hutspiel

Die Teilnehmerinnen müssen bei dem Spiel überlegen, was sie in einer bestimmten Situation tun würden, indem Sie ihnen die Frage stellen: *„Was würdest du tun, wenn ...?"* Auf einem Blatt Papier beschreibt anschließend jede ein Problem oder eine schwierige Situation im Zusammenhang mit Übergängen. Legen Sie die Blätter zusammengefaltet in einen Hut. Nun zieht eine Teilnehmerin nach der anderen ein Blatt aus dem Hut, liest das Problem laut vor und beschreibt dann, wie sie mit der Situation umgehen würde. Diskutieren Sie die Lösung und weisen Sie darauf hin, dass es vielleicht mehrere gute Lösungen gibt.

Lieder für Übergänge einstudieren

Lernen und singen Sie gemeinsam in der Gruppe die Lieder, die in diesem Buch für bestimmte Übergangssituationen empfohlen und beschrieben werden. Erörtern Sie, warum Lieder Übergänge wirkungsvoll vereinfachen. Denken Sie sich im Team eigene Lieder aus oder ersetzen Sie die altbekannten Lieder durch neue. Verwenden Sie darüber hinaus auch Lieder für Übergänge, die nicht im Buch aufgeführt werden.

Anhang

Anmerkungen zur kindlichen Entwicklung

Die Zeit von der Geburt bis zum dritten Lebensjahr ist die intensivste Wachstums- und Lernphase im Verlauf des menschlichen Lebens. Kinder machen in dieser Zeit nahezu täglich Veränderungen durch. Babys und Kleinkinder entwickeln sich permanent weiter. Zum besseren Verständnis des Buches wird die frühe Kindheit in zwei Altersspannen und Kategorien aufgeteilt: Kinder von der Geburt bis zu 18 Monaten werden als Babys bezeichnet und Kinder von 13 Monaten bis 3 Jahren (die schon laufen können) als Kleinkinder. Die Überschneidung wurde bewusst gewählt, sie berücksichtigt die individuellen Unterschiede im kindlichen Reifungsprozess.

Es gibt gewisse Verhaltensweisen, die wir von Kindern in unterschiedlichen Altersstufen innerhalb ihrer Entwicklung erwarten können. Die Berücksichtigung bestimmter Verhaltensweisen, bedingt durch die natürliche Entwicklung, vereinfacht die Betreuung und Erziehung von Kleinkindern. Anstatt gegen ihre Natur anzugehen, können wir die Interessen und Fähigkeiten der Kinder nutzen, um ihnen ein Gefühl von Sicherheit zu geben und ihre Kooperationsbereitschaft zu gewinnen.

Kinder müssen sich sicher fühlen, um von der Betreuung in der Tagesstätte profitieren zu können. Ein angespanntes und ängstliches Kind kann nicht viel lernen. Das Kind muss sich sicher fühlen und entspannt sein, um seine Umgebung erkunden und von den angebotenen Möglichkeiten profitieren zu können. Aber wie sorgen Sie dafür, dass sich ein Baby oder Kleinkind sicher fühlt? Sie können zwar mit ihm sprechen und ihm Bestätigung geben, aber Worte allein reichen nicht aus.

Das tun Sie

Geben Sie dem Kind einen vertrauten Erwachsenen an die Hand, auf den es sich verlassen kann. Eine Hauptbezugsperson kann dafür sorgen, dass sich das Kind anerkannt und sicher fühlt. Sie sollte außerdem auf das Kind eingehen und ihm versichern, dass es erfolgreich kommuniziert hat. Darüber hinaus sollten die Umgebung und der Tagesablauf eine verlässliche, vorhersehbare Größe sein.

Babys und Kleinkinder können nur einer begrenzten Anzahl von Personen vertrauen. Hilflose Babys brauchen Erwachsene, die sich um sie kümmern und sie beschützen. Zunächst gehen Neugeborene nur mit ein oder zwei Personen eine Bindung ein, nämlich mit denen, die ihre Elternrolle übernehmen. Nach und nach können die Kinder auch andere Menschen in den kleinen Kreis derer aufnehmen, mit denen sie eine Bindung eingehen. Hat ein Kind in der Kindertagesstätte eine feste Bindung zu einer Erzieherin aufgebaut, fühlt es sich sicher genug, um zu entspannen, zu spielen, neue Dinge auszuprobieren und sich generell kooperativ zu verhalten. Gibt es zu viele Erzieherinnen, fühlt sich das Kind jedoch schnell überfordert und schottet sich emotional ab oder benimmt sich vorwiegend unangemessen.

Das tun Sie
Helfen Sie dem Kind, eine Bindung zu einer bestimmten Erzieherin aufzubauen, die speziell für das Kind zuständig ist. Diese Erzieherin sollte das Kind nach Möglichkeit schon morgens in Empfang nehmen, trösten, füttern, wickeln, mit den Eltern kommunizieren und für sie als Hauptansprechpartnerin zur Verfügung stehen. Setzen Sie Ihre Mitarbeiterinnen so ein, dass nur eine begrenzte Anzahl an Personen das Kind betreut. In Anwesenheit der Erzieherin, zu der das Kind eine Bindung aufgebaut hat, kann es auch andere Erwachsene in der Kindertagesstätte akzeptieren. Nach und nach wird sich das Kind bei mehreren Erwachsenen wohlfühlen.

Kleine Kinder lieben feste, vorhersehbare Abläufe. Das Gefühl von Sicherheit kann kleinen Kindern nicht durch Sprache vermittelt werden, sondern durch Regelmäßigkeiten und sich wiederholende Ereignisse im Tagesablauf. Deshalb möchten Kleinkinder vielleicht auch, dass Sie ihnen immer wieder dieselben Bücher vorlesen oder Lieder vorsingen. Es gibt ihnen das Gefühl, die Dinge unter Kontrolle zu haben, wenn sie wissen, was als Nächstes kommt.

Das tun Sie
Halten Sie an einem feststehenden Tagesablauf fest und bieten Sie viele vertraute Gegenstände an, wie zum Beispiel die Lieblingsbücher und -spielsachen. Wiederholen Sie die beliebtesten Lieder und Spiele immer wieder und binden Sie in den bekannten Kontext neue Aktivitäten ein.

Babys und Kleinkinder können sich nur schwer von den Eltern und anderen Menschen trennen, zu denen sie eine enge Bindung haben. Sich von Menschen zu trennen, die man liebt, ist ein lebenslanger Lernprozess. Manch einem wird es immer schwerfallen. Es ist wichtig, sich vor Augen zu halten, dass auch Babys und Kleinkinder diese starken Gefühle haben. Geben Sie den Gefühlen des Kindes Raum und lassen Sie diese zu. Schwierig ist dabei jedoch, dass kleine Kinder nicht mit Worten getröstet werden können und dass sie kein Zeitgefühl haben. Das Temperament der Kinder spielt beim Umgang mit Trennungen natürlich auch eine Rolle. Es gibt Kinder, die sofort weinen, wenn die Erzieherin nur für ein paar Minuten den Raum verlässt.

Das tun Sie
Bringen Sie viel Geduld mit. Versuchen Sie nicht, dem Kind schnell seinen Trennungsschmerz zu vertreiben. Halten Sie das Kind im Arm, lassen Sie zu, dass es durch sein Weinen ausdrückt, wie es sich fühlt, und trösten Sie es. Am besten hilft die immer wiederkehrende Erfahrung mit der Situation. Mit der Zeit erkennt das Kind, dass seine Eltern wiederkommen und dass ihm niemand etwas zuleide tut, während sie fort sind. Es hilft auch schon enorm, wenn das Kind jeden Morgen von derselben Erzieherin in Empfang genommen wird und die Eltern es möglichst immer zur selben Zeit abholen.

Kleinkinder streben nach Unabhängigkeit. In den ersten ein, zwei Lebensjahren und die ganze Kleinkindzeit hindurch entwickeln Kinder zunehmend das Bedürfnis, sich den Erwachsenen zu widersetzen und alles alleine zu erledigen. Sie wollen sich selbst in der Welt zurechtfinden und testen aus, wie weit sie gehen können und wo ihre Grenzen sind.

Das tun Sie
Erwarten Sie also nicht, dass sie Ihnen auf Schritt und Tritt in allem folgen. Bieten Sie den Kindern nach Möglichkeit mehrere akzeptable Optionen, wie sie reagieren können, und belassen Sie sie in dem Glauben, eine bestimmte Handlung sei ihre Idee gewesen. Geben Sie ihnen auch Gelegenheit, so viel wie möglich selbst zu machen, auch wenn das länger dauert.

Babys und Kleinkinder beschäftigen sich sehr intensiv mit Gegenständen. Gegenstände bilden wichtige Bezugspunkte in der Erfahrungswelt der Kinder. Sie sind etwas Konkretes, das man sehen und anfassen kann. Babys und Kleinkinder wollen jeden Gegenstand genau erforschen, der ihnen in die Finger kommt. Die Gegenstände helfen den Kindern in bestimmten Situationen zu verstehen, was als Nächstes passiert. Sie „lesen" die Gegenstände, bevor sie Worte verstehen. Eine Decke kann zum Beispiel bedeuten, dass es Zeit zum Ausruhen ist. Ein Teller auf dem Tisch bedeutet, dass es Mittagessen gibt, das Zeigen der Jacke, dass es nun nach draußen geht.

Das tun Sie

Schauen Sie bewusst nach Gegenständen, die für unterschiedliche Abschnitte Ihrer täglichen Routine stehen. Wenn die Kinder sie sehen, wissen sie, was als Nächstes passieren wird, und kooperieren sehr viel eher von sich aus, ohne dass Sie ihnen großartig gut zureden müssen.

Lieblingsspielzeug hilft den Kindern, mit schwierigen Situationen umzugehen. Ein Kuscheltier, eine Schmusedecke oder ein anderes Lieblingsspielzeug ist ein besonderer Gegenstand, mit dem das Kind „zu Hause sein", „Liebe", „Mama", „Sicherheit" usw. assoziiert. Oft ist dieses Lieblingsstück nichts, was die erwachsenen Bezugspersonen vorschlagen, sondern etwas, das die Kinder selbst festlegen. Manchmal werden diese Gegenstände auch als „Sicherheitsobjekte" bezeichnet und ihnen scheint ohne Frage eine gewisse Magie innezuwohnen. Die Kinder können sich mit ihnen besser beruhigen und bringen den Mut auf, sich auf ihre erweiterte Welt einzulassen. Das Lieblingsspielzeug kann Kindern viel Trost spenden, z. B., wenn sie beim Abschied von den Eltern weinen, wenn sie sich wehgetan haben oder wenn sie sich schlafen legen. Die meisten Kinder sind sehr besitzergreifend, wenn es um ihr Lieblingsstück geht, und wollen nicht, dass auch andere Kinder damit spielen. Das Lieblingsstück sollte auch wirklich nur ihnen allein gehören. So nützlich, wie sie sind, können diese besonderen Gegenstände aber auch manchmal lästig werden oder in bestimmten Spiel- oder Lernsituationen stören.

Das tun Sie

Legen Sie einen besonderen Platz fest, an dem die Kinder ihr Lieblingsstück aufbewahren können und an dem es jederzeit zugänglich ist, wenn sie es brauchen. In der Regel bietet sich dafür das Fach des Kindes an. Das Lieblingsstück kann routinemäßig zur Mittagsstunde herausgeholt werden. Sie können die Kinder auch dazu ermutigen, sie zu anderen Zeiten selbst in ihr Fach zu legen, zum Beispiel, wenn die Gruppe nach draußen geht oder wenn Aktivitäten anstehen, bei denen das Kuscheltier bzw. das Lieblingsstück schmutzig werden könnte.

Neue Dinge faszinieren kleine Kinder. Kinder zieht es immer zu neuen Dingen hin, aber nur, wenn sie von Vertrautem umgeben sind. Wenn alles neu ist, sind sie schnell überfordert und werden ängstlich, beispielsweise, wenn sie neu in der Kindertagesstätte sind. Gibt es in der Gruppe jedoch ein neues Spielzeug, möchte jeder gern damit spielen, obwohl man mit den vertrauten Sachen vielleicht besser spielen kann. Kinder sind einfach neugierig. Sie wollen das neue Spielzeug genau untersuchen.

Das tun Sie

Machen Sie sich dieses Interesse an neuen Dingen zunutze, wenn Sie die Aufmerksamkeit der Kinder benötigen oder sie versammeln wollen. Mithilfe eines interessanten Gegenstands können Sie zum Beispiel ein neues Buch vorstellen. Um eine Gruppe von Kleinkindern zu sammeln, kann man sie mit einem Gegenstand, der aus der „Schatztruhe" gezogen wird (siehe S. 88), sehr effektiv dazu bewegen.

Kinder unter drei Jahren haben ein sehr eingeschränktes Zeitgefühl. Babys und Kleinkinder leben im Hier und Jetzt. Sie können sich nur das merken, was sich direkt vor ihrer Nase abspielt. An die

Zukunft denken sie kaum und Worte wie „bald" sind nicht besonders konkret. Wenn eine Erzieherin versucht, ein bekümmertes Baby oder Kleinkind mit den Worten „Mama ist bald wieder da" zu trösten, ist das leider nicht besonders hilfreich. Kleinkinder wissen noch nicht, was eine Minute oder eine Stunde ist oder was gestern und morgen bedeutet. Ihr Zeitgefühl basiert auf der Abfolge von Ereignissen und den täglichen Routinen.

Das tun Sie
Versuchen Sie, die Routinen und Aktivitäten jeden Tag in derselben Reihenfolge zu erledigen. Es ist durchaus in Ordnung, wenn Sie Zeitwörter wie „Minute" oder „Stunde" benutzen. Die Kinder lernen die Bedeutung dieser Wörter, wenn sie sie über einen langen Zeitraum hinweg immer wieder im selben Kontext hören. Sie dürfen aber nicht erwarten, dass die Kinder die Bedeutung dieser Wörter auch verstehen. Bitten Sie die Eltern, ihr Kind nach Möglichkeit immer um die gleiche Zeit abzuholen.

Babys und Kleinkinder beschäftigen sich gewöhnlich nicht lange mit ein und derselben Tätigkeit. Babys und Kleinkinder beschäftigen sich generell nicht lange mit einer bestimmten Sache. Sie gehen von einem Spielzeug zum anderen und von einer Aktivität zur nächsten über. (Es gibt eine Ausnahme: Wenn ein Kind eine neue Fertigkeit entwickelt, kann es erstaunlich lange am Ball bleiben.)

Das tun Sie
Bieten Sie eine Auswahl einfacher Spielsachen und Aktivitäten an und sorgen Sie dafür, dass Sie oder die Kinder das Spielzeug problemlos wegpacken können. Besondere Aktivitäten wie zum Beispiel ein Malprojekt sollten Sie kurz und einfach durchführen. Sie dürfen nicht enttäuscht sein, wenn das Kind nur drei Minuten lang mit Fingerfarbe malt und dann etwas anderes tun möchte.

Kleine Kinder lassen sich leicht ablenken. Der Grund, weshalb Kinder ständig von einer Aktivität zur nächsten wechseln, ist, dass sie sich leicht ablenken lassen. Während sie mit etwas spielen, hören sie vielleicht ein interessantes Geräusch oder sehen etwas anderes Attraktives, woraufhin sie das Spielzeug sofort fallen lassen, um die neue Sache anzusteuern.

Das tun Sie
Mit niedrigen Trennelementen können Sie in Ihrem Gruppenraum Sichtbarrieren schaffen und damit die Ablenkung ein wenig eingrenzen. Die Kinder können sich besser konzentrieren, wenn es viele kleine Bereiche, Ecken und Nischen gibt. Es ist auf alle Fälle nicht ratsam, mit einigen Kindern zu musizieren, während die anderen frei und selbsttätig spielen.

Kleine Kinder werden stark davon beeinflusst, was die anderen tun. Sie lassen sich leicht ablenken und es ist für sie immer interessant, was die anderen tun. Ein Spielzeug, mit dem ein anderes Kind spielt, sieht viel attraktiver aus, als das gleiche Spielzeug, das im Regal steht. Ein Kind, das sich ein Buch ansieht, schaut hoch und sieht, wie zwei andere Kinder durch einen Tunnel krabbeln. Das scheint Spaß zu machen. Schon wird das Buch beiseitegelegt und das Kind geht zu den anderen Kindern hinüber, um mitzumachen. Es kommt schnell zur Drängelei und Schubserei, wenn zu viele Kinder auf einmal das Gleiche tun möchten.

Das tun Sie
Wenn Sie möchten, dass zwei Kindergruppen miteinander spielen, beginnen Sie, mit einer Gruppe zu spielen. Das Interesse der anderen Kinder wird auf diese Weise geweckt, sodass sie schnell hinzukommen und in das Spiel mit einsteigen werden.

Sobald Sie sehen, dass in einem Bereich zu viele Kinder sind und sie anfangen, sich zu schubsen, sodass sich ein Kind verletzen könnte oder sich die Gemüter zu stark erhitzen, fangen Sie eine neue Aktivität in einem anderen Bereich des Raumes an. Einige Kinder werden von der neuen Aktivität angezogen, sodass sich das Gedränge auflöst. Eine solche Situation ist mit mehreren Mitarbeiterinnen einfacher zu bewerkstelligen, um die Aufmerksamkeit der Kinder auf unterschiedliche Aktivitäten lenken zu können.

Nachahmen ist eine Spiel- und Lernmethode von Babys und Kleinkindern. Sowohl Babys als auch Kleinkinder tun gern das, was die anderen Kinder um sie herum gerade tun. Dazu benötigen sie keine Anleitung oder Hilfe. Ganz kleine Kinder starren einfach die Gesichter anderer Kinder an und schon bald ahmen sie Gesten und Geräusche des jeweils anderen nach. Kleinkinder machen alles nach, was ihre Freunde tun. Das ist eine ihrer ersten Methoden, um Freundschaften zu knüpfen.

Das tun Sie
Lassen Sie die Kinder nah beieinander spielen und geben Sie ihnen das gleiche oder ähnliches Spielzeug. Nutzen Sie das nachahmende Verhalten, um den Kindern Fingerspiele, einfache Lieder und Bewegungsspiele beizubringen.

Kleinkinder lieben Wiederholungen. Es überrascht nicht, dass „noch mal" zu den ersten Wörtern zählt, die Kleinkinder benutzen. Sie lieben es, dasselbe Bilderbuch mehrmals vorgelesen zu bekommen und immer wieder das gleiche Lied zu singen. Auch bereits bekannte Kunstaktivitäten, Spiele zur sensorischen Wahrnehmung oder Spielmaterialien, die wieder angeboten werden, machen Kleinkinder sehr engagiert mit.

Das tun Sie
Aufgrund der Vorliebe für Wiederholungen ist es für Sie leicht, eine feste, verlässliche Abfolge von Aktivitäten für die tägliche Routine zu etablieren. Sie müssen sich nicht für jeden Tag etwas Neues einfallen lassen. Halten Sie immer einige altbewährte Aktivitäten bereit, von denen Sie wissen, dass sie den Kindern Spaß machen. Variieren Sie das Bekannte in kleinen Schritten, indem Sie zum Beispiel die Farbe der Knetmasse ändern oder ein neues Werkzeug anbieten, mit dem die Masse bearbeitet werden kann. Beginnen und beenden Sie die Vorlesezeiten mit einer bekannten Geschichte und lesen Sie dazwischen ein neues Buch vor.

Kinder spielen gern mit Erwachsenen. Nichts ist spannender als ein Erwachsener auf dem Fußboden. Wenn Sie mit ihnen auf gleicher Augenhöhe sind, kommen Babys und Kleinkinder auf Sie zu, legen sich auf Sie und kuscheln sich an Sie.

Das tun Sie
Wenn Sie möchten, dass die Kinder zu Ihnen kommen, um etwas Bestimmtes zu tun, setzen Sie sich einfach auf den Boden und beginnen Sie eine Aktivität mit ein oder zwei Kindern.

Kinder planen nicht voraus. Anders als Vier- oder Fünfjährige, die sich im Voraus Gedanken über eine Konstruktion aus Bauklötzen oder ein Spiel machen, das sie mit Freunden spielen wollen, denkt ein Kleinkind nicht an zukünftige Spielaktivitäten. Es wird von dem beeinflusst, was es unmittelbar vor Augen hat.

Das tun Sie
Legen Sie die Spielsachen, mit denen sich das Kind beschäftigen soll, in seine Sichtweite. Wenn das Kind in den Raum kommt und es liegt Knetmasse auf dem Tisch, wird es das wahrscheinlich attraktiver finden, als sich erst einmal etwas auszusuchen. Wenn Sie möchten, dass das Kind draußen im Sand spielt, legen Sie ein paar attraktive Werkzeuge und Spielsachen in die Sandkiste.

Kleine Kinder sind Egozentriker. Sehr kleine Kinder können die Dinge noch nicht aus der Perspektive eines anderen Menschen betrachten, dafür fehlt ihnen die Erfahrung. Andere Kinder werden als „Zubehör" innerhalb ihrer Umgebung betrachtet, das einzig und allein ihrer Beschäftigung dient. Wenn ein Kind das Spielzeug haben möchte, mit dem gerade ein anderes Kind spielt, denkt es, dass jeder damit einverstanden ist, es zu nehmen. Also nimmt es sich das Spielzeug und ist völlig überrascht und fasziniert von dem Protest, der vom anderen Kind kommt. Miteinander teilen und einander abwechseln gehören noch nicht zum Verhaltensrepertoire von sehr kleinen Kindern.

Das tun Sie
Es bedarf einer behutsamen Unterstützung, bis ein Kind lernt, auf andere Rücksicht zu nehmen, und den Grundsatz des Gebens und Nehmens beim Spielen versteht. Geben Sie ein gutes Vorbild ab und helfen Sie den Kindern, ihre Wünsche zu formulieren. Sorgen Sie außerdem dafür, dass sich die Kinder gegenseitig zuhören. Empathisch zu sein und Kompromisse einzugehen ist ein entscheidender Lernprozess im Kleinkindalter. Es es gibt viele Möglichkeiten, diese Kompetenz zu fördern.

Gefühlsausbrüche sind bei Kleinkindern an der Tagesordnung. Der Egozentrismus von Kleinkindern und ihre mangelnden Erfahrungen in Bezug auf Geben und Nehmen führen manchmal zu Wutanfällen. Sie sind frustriert, weil sie nicht bekommen, was sie haben wollen, und weil sie sich nicht mitteilen können. Außerdem testen sie aus, wo ihre Grenzen sind. Wozu können sie die anderen bewegen, was können sie bei ihnen bewirken?

Das tun Sie
Versuchen Sie, nicht böse zu werden, wenn ein Kind einen Wutanfall bekommt. Es muss Ihnen auch nicht peinlich sein. Es hat gar nichts mit Ihnen zu tun. Bleiben Sie ganz ruhig. Lassen Sie das Kind nicht „gewinnen", indem es seinen Willen bekommt. Zeigen Sie Mitgefühl und bleiben Sie freundlich, aber bestimmt. Wenn sich das Kind nicht beruhigen kann, trennen Sie es von den anderen Kindern und bringen es in einen anderen Teil des Raumes. Die Kuschelecke eignet sich besonders gut für eine Auszeit (siehe S. 112 f.). Geben Sie dem schreienden Kind nicht allzu viel Aufmerksamkeit, sondern beaufsichtigen Sie es nur so weit, dass es sich nicht verletzt. Sagen Sie dem Kind, dass es jederzeit zurückkommen und wieder mitmachen kann, wenn es sich beruhigt hat. Manchmal hilft es bei einem Wutanfall auch schon, dem Kind ein Glas Wasser anzubieten.

Die Entwicklung der Sprache fördern

Babys und Kleinkinder verstehen von Beginn an eine ganze Menge. Mit der Entwicklung ihres Sprachwortschatzes weitet sich bei ihnen auch zunehmend ihr Sprachverständnis aus. Um Kinder in Übergangsphasen zur Kooperation zu bewegen und zu wissen, welche Rolle Sprache dabei spielt, ist es wichtig, drei Grundgedanken der Sprachentwicklung zu verstehen:

1.) Sprache ist sehr viel mehr als nur Worte.
2.) Das Sprachverstehen geht der Sprachproduktion voraus, d. h., Kinder verstehen, bevor sie sprechen können.
3.) Sie sind das Sprachvorbild für die Kinder. Kinder erwerben Sprache über das Zuhören, über das Hören Ihrer Stimme.

Der nonverbale Aspekt der Sprache

Gesten, Intonation und Tonfall formen die Bedeutung von Sprache ganz wesentlich. Versuchen Sie einmal, sich diese Bestandteile aus der Sprache von Erwachsenen wegzudenken. Das ist nur schwer vorstellbar. Für den Zuhörer ist es schwieriger zu erkennen, was Sie meinen, wenn diese Elemente fehlen. Es sind die ersten Elemente von Sprache, die wir lernen, und Babys „verstehen" sie nahezu von Anfang an.

Gesten und Körpersprache

Babys und Kleinkinder verstehen Körpersprache. Breiten Sie Ihre Arme in Richtung eines Babys aus, das auf dem Boden sitzt oder von jemandem getragen wird, und es wird sich sehr wahrscheinlich in Ihre Richtung beugen und seine Hände nach Ihnen ausstrecken (vorausgesetzt, es kennt Sie und fühlt sich sicher). Schon ein ganz kleines Baby lernt das sehr schnell. Selbst wenn sie ihre Hände noch nicht ausstrecken können, um auf Sie zu reagieren, bereiten sie sich körperlich darauf vor, hochgehoben zu werden. Es gibt viele weitere Beispiele dafür, dass Kinder Körpersprache verstehen. Strecken Sie Ihre Hand mit der Innenfläche nach oben aus und das Kind legt Ihnen höchstwahrscheinlich etwas hinein. Es erkennt auch Ihr Interesse, wenn Sie sich neben das Kind setzen oder sich in seine Richtung vorbeugen. Dass Nicken und Kopfschütteln „ja" und „nein" bedeuten, ist ein weiteres Beispiel. Achselzucken bedeutet Gleichgültigkeit, hochgezogene Schultern und am Ellbogen angewinkelte Arme mit nach außen zeigenden Händen deuten an: *„Ich gebe auf."* oder *„Ich bin frustriert."*

Gesten sind besondere Hand- und Armbewegungen, die eine spezielle absichtsvolle Bedeutung haben. Sie sind von Kultur zu Kultur unterschiedlich. Eine der ersten Gesten, die ein kleines Kind lernt, ist, jemandem zum Abschied nachzuwinken („Winke, winke machen"). Es gibt noch viele andere, wie zum Beispiel:

- jemanden zu sich heranwinken oder neben sich klopfen, damit jemand näher kommt,
- jemanden durch Wackeln mit dem erhobenen Zeigefinger ermahnen, etwas zu unterlassen,
- Billigung und Befürwortung durch Klatschen signalisieren,
- mit einem gespielten Stirnabwischen Erleichterung anzeigen usw.

Und denken Sie einmal daran, wie gern kleine Kinder auf etwas zeigen, um uns zu sagen: *„Hey, schau dir das an!"*

Tonfall

Mit dem Tonfall kommunizieren wir, was wir in Verbindung mit dem Gesagten empfinden. Diese Komponente von Sprache ist universell, überall auf der Welt verstehen die Menschen einander auf diesem einfachen Level. Man könnte uns im entlegendsten Winkel des Planeten absetzen und wir würden durch bloßes Zuhören bei einer Unterhaltung erkennen, ob die Menschen ängstlich, gelangweilt, gestresst, wütend, schadenfroh oder verliebt sind. Dafür brauchen wir sie noch nicht einmal zu sehen. Babys scheinen diese Komponente von Sprache von Anfang an zu verstehen. Eine sanfte, liebevolle Stimme hilft ihnen, sich zu beruhigen, und gibt ihnen ein Gefühl von Sicherheit, während Wut und Geschrei bei ihnen Anspannung auslösen. Es ist allgemein bekannt, dass Babys anfangen zu weinen, wenn sie jemanden weinen hören.

Denken Sie also bei allem, was Sie zu kleinen Kindern sagen, daran, dass Ihr Tonfall entscheidend ist. Sie können Worte unterschiedlich ausdrücken, entweder spielerisch und freundlich oder verärgert und kraftvoll. Die Kinder werden sich eher entspannen und bereitwillig tun, was Sie von ihnen erwarten, wenn Ihre Stimme leicht und unbeschwert klingt. Kleinkindern passiert so manches Missgeschick: Sie kleckern, stoßen Dinge um, haben kleine „Unfälle" auf der Toilette usw. Ihr Tonfall im Umgang mit solchen Situationen (freundlich und unbeschwert oder verärgert und frustriert) beeinflusst maßgeblich, wie sich das Kind dabei fühlt. Bei Kleinkindern ist dieser Aspekt wesentlich wichtiger als bei älteren Kindern, die bereits verstehen, was Sie sagen, denn Kleinkinder erschließen sich die Bedeutung aus Ihren nonverbalen Signalen.

Intonation

Intonation ist gewissermaßen die Sprachmelodie Ihrer Äußerungen: das Auf und Ab Ihrer Stimme innerhalb einer Formulierung. In den Sprachen und Kulturen der Welt lassen sich, trotz einiger Unterschiede, auch zahlreiche Gemeinsamkeiten bei einfachen Betonungsmustern feststellen. Am Ende einer Frage geht die Stimme in der Regel nach oben, bei einem Befehl dagegen nach unten.

Die Intonation ist eine weitere Komponente von Sprache, die Babys und Kleinkinder schon sehr früh lernen. Wie bereits erwähnt, sollte bei älteren Kindern eine Aufforderung nie als Frage formuliert werden. Sollen die Kinder zum Beispiel ihr Spielzeug wegpacken, erreichen Sie mit den höflichen Sprachkonventionen, die bei Erwachsenen angewendet werden, nichts. Ein Kind nimmt die Frage *„Wollen wir jetzt mal aufräumen?“* ernst und denkt, es habe tatsächlich die Wahl. Stattdessen ist es besser zu sagen: *„Nun müssen wir aufräumen“*. Auf dieselbe Art und Weise können Sie im Gespräch mit Babys und Kleinkindern durch die entsprechende Betonung deutlich machen, was Sie meinen.

Blickkontakt

Einen Blickkontakt zu jemandem herzustellen, ist etwas, das verbindet. Es bedeutet: *„Meine Gedanken sind mit deinen verbunden.“* Kommt bei einem Gespräch kein Blickkontakt zustande, ist es weniger intensiv. Deshalb fällt es uns auch schwer, jemandem in die Augen zu schauen, wenn wir ihm etwas Schwieriges oder Erschütterndes sagen müssen. Blickkontakt verstärkt die Emotionen.

Es ist interessant, dass Kinder erst in der Spätphase des Kleinkindalters so etwas wie eine Aversion gegen Blickkontakt entwickeln. Erwachsene schauen sich selten länger als wenige Sekunden in die Augen, es sei denn, sie sind ineinander verliebt. Irgendetwas lässt den Blick zumindest für einen Moment lang abwenden. Der Blick bedeutet zu viel Nähe und wirkt beunruhigend. Babys und Kleinkinder halten im Gegensatz dazu ständigen Blickkontakt. Sie halten uns in ihrem Blick regelrecht „gefangen“. Erwachsene reagieren darauf mit Liebe und Zuneigung.

Es ist wichtig, dass Sie zu Babys und Kleinkindern Blickkontakt halten, wenn Sie mit ihnen sprechen und etwas von ihnen erwarten. Es zeigt ihnen: *„Ich spreche mit dir. Ich möchte, dass du zu mir Kontakt aufnimmst.“*

Gesichtsausdrücke

Auf der ganzen Welt zeigen die Menschen die gleichen Gesichtsausdrücke bei den Basisemotionen. Kleinkinder lernen schnell, was ein bestimmter Gesichtsausdruck bedeutet. Zeichnet sich in Ihrem Gesichtsausdruck etwas Besorgniserregendes aufgrund einer Situation im Gruppenraum ab, unterbricht ein Baby oder Kleinkind (zumindest einen Moment lang) seine gegenwärtige Beschäftigung. Wenn Sie das Kind morgens begrüßen, können Sie mit Ihrem Gesichtsausdruck viel bewirken. Lassen Sie Ihre Augen aufleuchten und machen Sie ein sanftes Gesicht. Setzen Sie ein breites, freundliches Lächeln auf, dann versteht das Kind: *„Hier bin ich willkommen.“*

Das Sprachverstehen geht der Sprachproduktion voraus

Kleine Kinder sind ständig von Sprache umgeben. Sie hören das gesprochene Wort von Geburt an. Das Kind beginnt, einzelne Worte zu verstehen, wenn sie von konkreten immer wiederkehrenden Handlungen begleitet werden oder jedes Mal gesagt werden, wenn das Kind einen bestimmten

Gegenstand sieht. Beispiele für erste einfache Worte im Zusammenhang mit Handlungen sind „hoch", „Fläschchen", „alle" oder „oh, oh". Die nonverbalen Botschaften, die weiter oben beschrieben wurden, verstehen sie bereits alle. Nun bekommen auch bestimmte Laute eine Bedeutung für sie. Diese sprachliche Entwicklung findet im ersten Lebensjahr des Kindes statt.

Wenn Sie mit Babys und Kleinkindern arbeiten, sollten Sie viel sprechen und dafür sorgen, dass das Kind von bedeutungsvoller Sprache umgeben ist, damit sein Sprachwortschatz mit der Zeit weiter wächst.

Machen Sie Sprache erlebbar

Aufgrund ihrer noch geringen Lebenserfahrung verstehen kleine Kinder Sprache am besten, wenn sie das Hier und Jetzt beschreibt – das, was sich direkt vor ihrer Nase abspielt. Sie müssen die Dinge sehen und anfassen oder anderweitig mit ihren Sinnen erfahren können, um die Worte, die sie beschreiben, zu verstehen. Sie können den Sprachlernprozess der Kinder erheblich vorantreiben, indem Sie beschreiben, was sie gerade sehen und tun: *„Diese Knetmasse ist warm. Spürst du, wie weich sie ist? Ich gebe Karla ein bisschen rote Knetmasse und Jan ein bisschen blaue."*

Substantive wie „Mama", „Papa" oder „Ball" gehören zu den ersten Worten, die Kleinkinder sagen. „Meins" folgt ziemlich kurz darauf, besonders bei Kindern, die in Gruppen betreut werden. Außerdem gehören auch soziale Begriffe und Gesten zu den ersten Äußerungen bei Kleinkindern, darunter zum Beispiel „Hallo" oder „Winke, winke", Begriffe aus der täglichen Routine.

Mitteilungen im „Telegrammstil" sind ganz typisch für Kleinkinder. Ein einzelnes Wort hat für sie eine enorme Bedeutungsbandbreite. Sagt es zum Beispiel *„Keks!"*, unterstützt der Erwachsene die Äußerung des Kindes, indem er die einzelnen Wortäußerungen ausschmückt und den Kindern Beispiele für andere Worte an die Hand gibt, mit denen sie den Begriff kombinieren können: *„Oh, du hast Hunger. Du möchtest einen Keks essen. Hier hast du einen."*

Nutzen Sie auch jede Gelegenheit, um Gefühle zu beschreiben: *„Da freut sie sich aber, dass sie mit dir spielen darf. Siehst du ihr Gesicht? Sie lacht."* oder *„Max ist traurig, weil er seine Mama vermisst. Guck mal, er weint."* Wenn wir kleinen Kindern dabei helfen, ihre Gefühle schon ganz früh zu erkennen und zu benennen, geben wir ihnen etwas sehr Wertvolles mit auf den Weg.

Sprechen Sie Babysprache (Ammensprache)

Die meisten Menschen, die mit Kleinkindern arbeiten, sprechen intuitiv in der Babysprache, dennoch sollte dieses Thema an dieser Stelle kurz angesprochen werden. Wenn Psychologen von der Babysprache sprechen, meinen sie die Art und Weise, wie Eltern automatisch mit ihren Babys oder sehr kleinen Kindern sprechen.

Viele Mütter wissen offenbar intuitiv, wenn sie mit ihrem Kind sprechen, wie viel Zuneigung und Übertreibung sie in ihre Sprache legen müssen. Normalerweise heben sie ihre Stimme ein bisschen an, sprechen langsamer und formulieren einfacher. Sie neigen dazu, das Kind auf der nächsthöheren Stufe anzusprechen, die es gerade selbst verbal bewältigen kann. Mit den Fortschritten des Kindes werden die Sätze dann zunehmend anspruchsvoller.

Sie betreuen nun aber nicht nur ein Kind, sondern eine ganze Gruppe. Alle Kinder werden in ihrer Entwicklung und Sprechfertigkeit unterschiedlich weit sein. Es ist deshalb wichtig, dass Sie sich mit jedem einzelnen Kind gezielt unterhalten. Wenn Sie dann ein bestimmtes Kind ansprechen, passen Sie Ihre Sprache automatisch dem Niveau an, von dem Sie wissen, dass es das Kind bewältigen kann. Je besser Sie die Kinder in Ihrer Obhut kennen, desto effektiver können Sie mit ihnen kommunizieren.

Babys und Kleinkinder befinden sich wirklich in einer Übergangsphase. Ihre Entwicklung geht rapide vonstatten und Sie können beinahe täglich Veränderungen beobachten. Darum ist die Arbeit mit dieser Altersgruppe auch so spannend. Sie werden vermutlich bedeutende Meilensteine der Kindesentwicklung in ihre Entwicklungsberichte eintragen. Vergessen Sie dabei jedoch nicht, auch die kleinen Dinge, die sich täglich ereignen, zu notieren. Für einen reibungslosen Tagesablauf ist es am wichtigsten, dass Sie auf die Kinder richtig eingestellt sind.

Die Gestaltung einer aktiv anregenden Lernumgebung

Kinder unter drei Jahren verbringen einen Großteil ihrer Zeit in den Innen- und Außenbereichen, die Sie für sie gestalten. In dieser Umgebung muss jede Menge körperliche Betätigung möglich sein und sie sollte für Kinder und Erwachsene gleichermaßen attraktiv sein. Die Art und Weise, wie Sie den Innen- und Außenbereich Ihrer Einrichtung aufteilen, ordnen und ausstatten, hat Einfluss darauf, wie effektiv Sie arbeiten können. Außerdem spiegelt sich darin Ihre Philosophie wider. Das Erscheinungsbild Ihrer Kindertagesstätte zeigt, auf was Sie Wert legen und wie Sie zu Kindern stehen. Ihre Mitarbeiter und die Atmosphäre, die Sie bei den Interaktionen mit Kindern und Eltern schaffen, stellen natürlich den wichtigsten Aspekt Ihrer Arbeit dar, aber auch die Gestaltung der Lernumgebung ist ein bedeutendes Kriterium für qualitativ hochwertige Kinderbetreuung. Sie kann für oder gegen Sie sprechen.

Der Spielbereich

Die Kinder sollten sich im Spielbereich aufhalten, wenn sie nicht gerade schlafen, essen oder gewickelt werden. Hier sollten sie sich frei bewegen, alles selbsttätig erkunden, mit Gegenständen herumexperimentieren und neue motorische Fertigkeiten trainieren können. Aus diesem Grund muss der Bereich auch für die Kleinsten absolut kindersicher sein.

Denken Sie bei der Ausstattung des Spielbereichs an all die Dinge, die Babys und Kleinkinder gern tun – herumrollen, krabbeln, Stufen hochsteigen, sich an etwas hochziehen, umherlaufen, klettern, Dinge gegeneinanderdrücken, Dinge umherwerfen, Behälter liegen lassen und Dinge in Löcher stecken. Gestalten Sie Ihre Lernumgebung bewusst so, dass die Kinder diese und andere neue Fertigkeiten auf möglichst vielfältige Weise trainieren können.

Nischen und Verstecke

Schaffen Sie allerlei Winkel und Ecken, in die Ihre Kinder hineinkrabbeln können. Sie dürfen aber nicht so klein sein, dass sie darin stecken bleiben. Wenn kleine Kinder solche Bereiche erkunden, lernen sie etwas über ihren Körper im Raum – zum Beispiel, wie groß sie sind und wo sie hineinpassen. In solchen Verstecken spielen sie auch gern „Guck-guck-da“, lassen die Welt verschwinden und wieder auftauchen, wenn sie hinein- und hinauskrabbeln. Diese Plätze können ganz simple Konstruktionen sein, wie zum Beispiel eine Wolldecke über einem stabilen niedrigen Tisch oder einfach große Kartons aus dem Supermarkt.

Unterschiedliche Ebenen

Krabbelnde Babys und Kinder, die gerade Laufen gelernt haben, erkunden gerne unterschiedliche Oberflächen und Ebenen. Rampen, niedrige Plattformen, auf die sie hinauf- oder von denen sie herunterklettern können, Sofakissen auf dem Boden und große Kunststoffschalen mit weichen Bällen oder kleinen Stofftieren darin sind nur einige Möglichkeiten.

Möbel für die Erwachsenen

Auch die Erwachsenen sollen sich wohlfühlen. Ein kleines Sofa oder ein Sessel sind gute Plätze, um sich dort gemütlich mit einem Kind zum Kuscheln, Lesen oder Spielen hinzusetzen.

Babyfallen

Wenn Sie in Ihrer Einrichtung eine Babyschaukel, einen Laufwagen, einen Kindersitz, einen Hüpfer oder einen Wipper haben, setzen Sie diese äußerst selten ein. Kinder können weder ihre Umgebung erkunden, noch ihre Muskeln frei bewegen, wenn sie in solchen Sitzen stecken. Sitze dieser Art sollten Sie nur in Ihrer Einrichtung haben, um Kinder zu sichern, wenn die Erzieherin kurz anderweitig im Raum beschäftigt ist.

Tipps für die Aufteilung des Spielbereichs

- Sie könnten einen Teil des Spielbereichs für Babys abteilen, die sich noch nicht aufrichten oder krabbeln können. So sind sie vor den älteren Kindern geschützt, die vielleicht aus Versehen auf sie treten, über sie stolpern oder sie ärgern.
- Sie können diesen Bereich mit vorgefertigten Raumteilern, Polstern oder Kissen abtrennen. Wenn Sie keinen abgeteilten Bereich haben, bleiben Sie immer in der Nähe der Babys, die noch nicht laufen können.
- Legen Sie eine Decke auf den Boden, damit die Babys darauf liegen können, oder ziehen Sie ein Spannbettlaken über einen flauschigen Teppich, das am Ende des Tages abgezogen und gewaschen werden kann.
- Im Bereich für Krabbelkinder und für bereits laufende ältere Kleinkinder sollten Sie ein stabiles Regal für das Spielzeug aufstellen. Es muss sehr robust sein, falls sich ein Kind daran hochziehen möchte.
- Platzieren Sie die Spielsachen möglichst jeden Tag an derselben Stelle, damit die Kinder wissen, wo sie die Dinge finden. Sie können auch mit Fotos oder Bildetiketten direkt am Regal markieren, wo welches Spielzeug hingehört. Die Bilder können Sie zum Beispiel alten Katalogen entnehmen und mit transparenter Klebefolie überziehen. Das Aufräumen wird für ältere Kinder auf diese Weise zu einem Zuordnungsspiel. Natürlich schleppen sie die Spielsachen überallhin und sind vielleicht noch nicht in der Lage, sie dann wieder an die richtige Stelle zurückzulegen. Die Bilder helfen Ihnen aber auf jeden Fall, Ordnung zu halten.
- Sammeln Sie interessante Behälter. Babys und Kleinkinder finden Behälter oft genauso faszinierend wie das Spielzeug darin. Die Spielsachen in unterschiedlichen Behältern aufzubewahren, ist eine gute Möglichkeit, den Gruppenraum ein wenig aufzupeppen. Plastikboxen eignen sich hervorragend, aber auch mit Wannen oder Körben aus Plastik sowie mit Tabletts, Schuhkartons, Einkaufstaschen, Beuteln, Pappkartons und Wäschekörben lässt es sich gut arbeiten.

- Basteln Sie Platzhalter für Ihre Regale, indem Sie Pappstücke, die genau an die Rückwand passen, mit unterschiedlichen Stoffstückchen, Bildern oder Plexiglasspiegeln bekleben.
- Platzieren Sie Fotos von den Kindern und ihren Familien sowie interessante Bilder aus Zeitschriften in Augenhöhe der Kinder. Laminieren oder überziehen Sie die Bilder mit transparenter Klebefolie. Tacker oder Büroklammern sind ungeeignet.
- Legen Sie Spielzeug weg, das gerade nicht benutzt wird. Wenn Sie Spielsachen nach dem Rotationsprinzip anbieten, also immer mal etwas wegpacken und dann ein paar Monate später wieder vorholen, erscheinen sie den Kindern wie etwas völlig Neues. Die beliebtesten Spielsachen sollten allerdings jederzeit zur Verfügung stehen, insbesondere wenn ein Kind besonders viel Freude an diesem Spielzeug hat und danach sucht.

Erweitern Sie den Spielbereich für lebhafte Kleinkinder

Wenn die Kinder etwas älter sind, lassen sich speziellere Spielbereiche einrichten. Sobald Kleinkinder einen großen offenen Bereich sehen, möchten sie rennen. Also empfiehlt es sich, andere Spielbereiche mit niedrigen Trennelementen, wie zum Beispiel Regalen, für das Spielzeug abzuteilen. Da sich Kleinkinder leicht von anderen Kindern ablenken lassen, spielen sie konzentrierter, wenn sie keinen direkten Sichtkontakt zu ihren Spielkameraden haben.

Spiele, bei denen man sich schmutzig machen kann

Niedrige Tische eignen sich gut für Aktivitäten, bei denen sich die Kinder schmutzig machen können, wie zum Beispiel Kunstprojekte und die Beschäftigung mit Knetmasse oder Ton. Die Tische sollten auf einem festen Untergrund stehen, damit man sie leicht reinigen kann. Hängen Sie sinnvollerweise gleich daneben wasserfeste Kittel auf. Der Tisch für sensorisches Spiel könnte auch in diesem Bereich stehen.

Ein Klettergerüst

Da Kleinkinder zwanghafte Kletterer sind, sollten Sie auf jeden Fall über ein stabiles Klettergerüst für diese Altersgruppe verfügen. Darunter gehört eine gepolsterte Matte. Weitere gute Ideen sind zusammenfaltbare Tunnel, Schaukelgeräte und eine Wippe.

Theaterecke

Sie können etwas abseits vom übrigen Spielbereich eine Theaterecke einrichten, sodass sie etwas Besonderes bleibt. Ein Raumteiler könnte als Wand fungieren. Ein Fenster, das Sie auf ein Poster oder einen Karton malen, und ein Vorhang wären auch denkbar. Statten Sie die Ecke mit allerlei Requisiten wie zum Beispiel Puppen, Kochutensilien, Telefon, Spiegel und Sachen zum Verkleiden aus.

Bücher

Was wäre eine Kindertagesstätte ohne eine gute Auswahl an qualitativ hochwertigen Kinderbüchern? Halten Sie einen Teil der Bücher zurück und holen Sie diese nur vor, wenn Sie die Kinder beaufsichtigen können; zu anderen Büchern sollten sie jederzeit Zugang haben. Mit einem niedrigen Bücherregal, gutem Licht, einem gemütlichen Sessel und ein paar Stofftieren, denen die Kinder etwas vorlesen können, lädt dieser Bereich zum Lesen und Anschauen der Bücher ein.

Spielsachen und Bauklötze

In stabilen niedrigen Regalen können Sie einfache Puzzles, große Steckspiele, Formsortierboxen, Klopfbänke, Stapelbecher und -ringe, Zieh- und Schiebespielzeug, Spielfahrzeuge und eine Auswahl an selbst gemachten Spielsachen unterbringen. Unterschiedlich große Bälle passen gut in einen Wäschekorb.

Große leichte Klötze eignen sind für diese Altersgruppe am besten. Kleinkinder fühlen sich stark, wenn sie etwas Großes hochheben können. Sie stoßen auch gern Türme aus Bauklötzen um, daher sollten ihnen zum Spielen Klötze aus Pappe oder Schaumstoff zur Verfügung stehen. Klassische Holzbauklötze sind ab drei Jahren geeignet.

Der Bereich für die Eltern

Natürlich haben die Eltern der Kinder freien Zugang zu allen Bereichen der Kindertagesstätte. Sorgen Sie dafür, dass sie sich wohlfühlen und problemlos mit Ihnen kommunizieren können.

Die Kommunikation und der Austausch mit den Eltern kann schwierig sein, wenn mehrere Erzieherinnen in verschiedenen Schichten arbeiten und viel beschäftigte Eltern zu unterschiedlichen Zeiten kommen und gehen. Sie könnten hierfür einen speziellen Bereich beim Eingang zu Ihrem Gruppenraum einrichten. In diesem Bereich sollten auch die Fächer, die mit einem Namensschild versehen sind, für die Sachen der Kinder untergebracht sein. Viele Kindertagesstätten bringen neben dem Namensschild auch ein Foto des Kindes an seinem Fach an. Außerdem könnte es im Elternbereich folgende Dinge geben:

- **eine Bank oder eine andere bequeme Sitzmöglichkeit für die Eltern**, wenn sie den Kindern Jacke und Schuhe ausziehen und sie zum Abschied noch einmal drücken – am besten in der Nähe der Fächer;
- **ein Nachrichtenbrett** mit allgemeinen Informationen für die Eltern, wie zum Beispiel Ankündigungen von Veranstaltungen, interessante Artikel, Fotos von den Kindern beim Spielen, kurze Notizen zu Dingen, die Kinder gesagt oder getan haben, und Geburtsanzeigen oder andere Neuigkeiten aus den Familien;
- **Fotos von anderen Familien**, deren Kinder die Tagesstätte besuchen, damit die Eltern einander vielleicht kennenlernen;
- **eine Leihbücherei für Eltern**, die speziell auf die Bedürfnisse von Babys und Kleinkindern abgestimmt ist;
- **ein Fundbüro.** Raten Sie den Eltern alles, was dem Kind gehört, mit seinem Namen zu versehen. Halten Sie einen Textilienmarker bereit, damit die Eltern die Kleidung der Kinder beschriften können, sowie Klebeband und einen Marker zum Markieren von anderen persönlichen Dingen.

Die Gestaltung des Außenbereichs

Die meisten Kindertagesstätten, in denen sowohl Babys als auch Kleinkinder betreut werden, haben einen Spielbereich, den sich alle teilen müssen. Mit guter Planung und Beaufsichtigung ist das kein Problem. Genau wie die Spielbereiche für ältere Kinder kann man einen Baby- und Kleinkindspielplatz so unterteilen, dass es das Spielen und Beaufsichtigen erleichtert. Für kleine Babys wäre zum Beispiel eine schattige Grasfläche geeignet. In einem anderen Bereich könnten Sie ein Klettergerüst und Schaukeln aufstellen, während ein weiterer ausreichend Platz für Schaukelgeräte, einen Sandkasten und Wasserspiele bietet.

Oberflächenstrukturen und sensorische Erlebnisse

Schaffen Sie interessante Licht- und Schattenmuster

Bäume sorgen schon ganz von selbst für interessante Schatten, wenn sich die Blätter im Wind bewegen. Darüber hinaus können Sie für weitere Schatten sorgen. Hängen Sie außer Reichweite der Kinder farbige Plexiglasstücke oder Kristalle auf, die Licht in den Regenbogenfarben auf den Spielplatz werfen. Farbige Plexiglasscheiben lassen sich auch an einem Zaun oder einem Maschendrahtzaum anbringen. Krabbelkinder können dann durch die Scheiben schauen und beobachten, wie die Welt in einer anderen Farbe aussieht. Wenn Sie große helle Stoffstücke aufhängen, kann die Sonne durchscheinen. Außerdem können die Stoffe vorübergehend als Schattenspender dienen. Auf Spielplätzen für Babys und Kleinkinder ist es ganz besonders wichtig, dass sie schattige Bereiche haben. Wenn es keinen natürlichen Schatten gibt, sollten Sie Sonnenschirme oder -zelte aufstellen.

Strukturen

Überlegen Sie, wie man auf dem Spielplatz weitere interessante Strukturen schaffen kann. Verschaffen Sie sich zunächst einen Überblick darüber, welche Oberflächenstrukturen bereits existieren und für die Kinder erreichbar sind. Wie viele sind es? Gras, Beton, Sand, Maschendraht? Was können Sie außerdem hinzufügen? Ein Baumstamm mit Rinde und Jahresringen ist für kleine Fingerchen interessant zu erkunden. Große glatte Steine, Gummireifen, Decken, eine kleine Holzterrasse, Kunstrasen und Teppiche für den Innen- und Außenbereich sind weitere Möglichkeiten.

Geräusche

Windspiele werden aus vielen verschiedenen Materialien hergestellt und können eine Bandbreite an Tönen erzeugen. Ein Windsack mit bunten Wimpeln ist hübsch anzusehen und raschelt im Wind. Plastikwimpel und -bänder, wie man sie oft bei Autohändlern sieht, machen ebenfalls tolle Geräusche.

Gerüche

Blumen stimulieren den Geruchssinn, aber wenn sie am Boden blühen, überleben sie unter den neugierigen Händchen engagierter kleiner Forscher wahrscheinlich nicht lange. Vielleicht bepflanzen Sie lieber Blumenkästen unter den Fenstern und heben die Kinder hoch, um sie an den Blumen riechen zu lassen. An Löwenzahn haben Babys besonders viel Freude.

Grobmotorisches Spiel

Grobmotorische Aktivitäten dominieren das Spiel von Babys und Kleinkindern. Sie sind sehr intensiv damit beschäftigt, die Mechanismen ihres Körpers kennenzulernen und Kraft und Koordinationsgabe zu entwickeln. Hier sind ein paar Vorschläge für grobmotorische Spielaktivitäten:

- Richten Sie spezielle Zeiten für Babys ein, die noch nicht krabbeln oder sich anderweitig fortbewegen können. Auch sie sind gern draußen.
- Krabbelstunde: Babys, die schon krabbeln oder kriechen können, bewegen sich gern über strukturierte Oberflächen. Gestalten Sie einen „Senso-Pfad" mit unterschiedlichen aufeinanderfolgenden Oberflächen.
- Lassen Sie die Kinder umherstromern.
- Lassen Sie die Kinder klettern.
- Bieten Sie Spielzeug mit Rädern an.
- Bieten Sie Bälle zum Schießen, Werfen und Fangen an.

Feinmotorisches Spiel

Abladen und Befüllen

Kleine Waggons und Kippgondeln sind bei Kleinkindern sehr beliebt, sie kombinieren Grobmotorik und Feinmotorik.

Spielen mit Sand

Das Spielen mit Sand ermöglicht Kleinkindern kontinuierliches Befüllen und Ausleeren von Behältnissen. Außerdem genießen sie das sensorische Erlebnis. Beim Spielen mit Sand müssen die Kinder zwar gründlich beaufsichtigt werden, aber es lohnt sich. Setzen Sie sich einfach zu den Kindern und spielen Sie bei ihnen mit Sand. Dabei können Sie ihnen eine Menge Möglichkeiten zeigen. Wenn Sie das tun, werden die Kinder deutlich seltener Sand essen oder durch die Gegend werfen, weil sie andere interessante Dinge sehen, die man mit ihm machen kann.

Spielen mit Wasser

Das Spielen mit Wasser an warmen Sommertagen ist eine spannende Angelegenheit für Kleinkinder und Babys. Eine Plastikwanne mit Wasser, die in der Nähe der Krabbelkinder auf dem Boden steht, weckt ihr Interesse und lädt zum Erforschen ein. Bieten Sie Wasser zunächst nur zum Anfassen und Umherspritzen an und ergänzen Sie das Spiel später durch weitere interessante Dinge, wie zum Beispiel einen Schwamm, Boote und anderes Wasserspielzeug. **Sicherheitshinweis:** Selbst geringe Mengen Wasser können für kleine Kinder gefährlich sein. Beaufsichtigen Sie die Kinder daher äußerst aufmerksam.

Besondere Gesundheits- und Sicherheitsaspekte

Denken Sie daran, dass selbst wohldurchdachte Spielplätze regelmäßig überprüft und gewartet werden müssen. Bei Babys und Kleinkindern ist besonders auf folgende Dinge zu achten:

- **Kleinteile:** Kleine Kinder stecken sich bekanntlich alles in den Mund, manchmal auch in die Nase und die Ohren. Feiner Kies und Rindenmulch sind als Bodenbelag auf einem Kleinkindspielplatz also denkbar ungeeignet. Achten Sie auch auf Pilze und abgebrochene kleine Gegenstände, die die Kinder schlucken könnten. Decken Sie den Sandkasten immer ab, wenn er nicht in Gebrauch ist.
- **Schaukeln:** Kleine Kinder lieben Schaukeln, aber sie müssen dabei aufmerksam beaufsichtigt werden. Kleinkinder handeln nicht vorausschauend und laufen oft direkt vor eine schwingende Schaukel. Es muss immer ein Erwachsener in der Nähe sein, um so etwas zu verhindern. Anstelle von harten Schaukelsitzen sollten Sie weiche Sitze mit Trageschlingen nehmen.
- **Schmale Ecken und Zwischenräume:** Kleinkinder finden enge Zwischenräume sehr attraktiv und haben großes Talent, in solchen stecken zu bleiben. Vergewissern Sie sich, dass die Zwischenräume am Klettergerüst und an anderen Geräten mindestens 25 cm breit sind, damit die Kinder nicht mit dem Kopf darin stecken bleiben. Achten Sie auch darauf, dass Zaun und Tür keine Lücken haben oder an irgendeiner Stelle verbogen sind und bis zum Boden reichen.
- **Unregelmäßigkeiten an Oberflächen:** Kinder, die gerade laufen gelernt haben, stolpern und fallen leicht hin. Achten Sie daher auf Unregelmäßigkeiten und kleine Fehler an Oberflächen, die vielleicht eine unnötige Gefahr darstellen.
- **Planschbecken:** Kinder, die noch nicht trocken sind, sollten noch keine Planschbecken benutzen. Die Verbreitung ansteckender Krankheiten wird begünstigt, wenn Sie mehrere Kinder zusammen in ein Planschbecken setzen. Es gibt noch viele weitere mögliche Wasserspiele, die den Kleinen genauso viel Spaß machen und hygienischer sind.
- **Empfindliche Haut:** Babys und Kleinkinder reagieren noch empfindlicher auf übermäßige Sonneneinstrahlung als ältere Kinder. Setzen Sie die Kinder nicht ohne angemessene Schutzcreme oder Kleidung über einen längeren Zeitraum der Sonne aus. Denken Sie daran, dass die Auswirkungen eines Sonnenbrandes sich immer erst später bemerkbar machen.
- **Überhitzung:** Achten Sie auf Anzeichen von Überhitzung. Bringen Sie die Kinder gegebenenfalls in den Schatten oder nach drinnen, damit sie sich abkühlen können, und bieten Sie Getränke an. Bei hohen Temperaturen ist es besonders wichtig, dass Sie den Kindern reichlich Wasser zu trinken geben. Ein paar Flaschen mit Wasser und Pappbecher reichen auf dem Spielplatz völlig aus, wenn Sie keinen Wasserhahn im Außenbereich haben.
- **Windeln wechseln:** Wickeln Sie die Kinder immer im Innenbereich. Um die Verbreitung von Bakterien zu vermeiden, sollten die Windeln nur auf dem Wickeltisch gewechselt werden und nicht auf dem Boden, wo andere Kinder vorbeikommen könnten oder spielen.
- **Belegschaft:** Sorgen Sie auch im Außenbereich für ein ausgewogenes Mitarbeiter-Kinder-Verhältnis. Da der Tagesablauf für Babys individuell auf ihre Bedürfnisse ausgerichtet ist und häufig einige von ihnen schlafen, während andere wach sind und spielen, müssen Sie immer sehr flexibel bleiben. Sie könnten bei gutem Wetter zum Beispiel eine oder zwei Mitarbeiterinnen draußen stationieren, um Babys in Empfang zu nehmen, die schon zum Spielen fertig sind. Lassen Sie schlafende Babys nie allein im Innenbereich. Wenn Sie einen angenehmen schattigen Bereich haben, können Gitter-, Babybettchen oder Buggys auch draußen stehen. Die Bettchen können Sie mit Moskitonetzen schützen und Sie sollten auf jeden Fall die Kinder die ganze Zeit über gründlich beaufsichtigen.

Literaturempfehlungen

Bücher zum Thema „Trennung“

Leo Lausemaus will nicht in den Kindergarten von Marco Campanella, Verlag: Lingoli

Leo Lausemaus – Mama geht zur Arbeit von Marco Campanella, Verlag: Lingoli

Wenn Papa weg ist ... von Isabel Pin, Verlag: Bajazzo

Lukas im Kindergarten oder Wie man einen Freund findet von Julia Boehme und illustriert von Kerstin Völker, Verlag: Baumhaus

Heule-Eule von Paul Friester, illustriert von Philippe Goossens, Verlag: Nord-Süd

Wo ist Mami? von Julia Donaldson, illustriert von Axel Scheffler, Verlag: Beltz & Gelberg

Wie der kleine rosa Elefant einmal sehr traurig war und wie es ihm wieder gut ging von Monika Weitze und Eric Battut, Verlag: Bohem Press

Jakob im Kindergarten von Nele Banser und Peter Friedl, Verlag: Carlsen

Bilderbücher über Lieblingsspielzeug

Körnchen: Ohne dich schlaf ich nicht! von Annet Rudolph, Verlag: Ravensburger

Mein erstes Fühlbuch: Meine liebsten Kuscheltiere von Irmgard Eberhard, Verlag: Ravensburger

Mein rotes Bobby-Car von Doris Rübel, Verlag: Ravensburger

ministeps®. Mein Schmusetuch von Doris Rübel, Verlag: Ravensburger

Wenn Kuscheltiere schlafen gehen von Hans-Christian Schmidt, illustriert von Andreas Német, Verlag: Oetinger

Reihe: **Jule und Knuffel** von Lara Jones, Verlag: Arena

Max und der Teddy von Eva Eriksson und Barbro Lindgren, Verlag: Oetinger

Bilderbücher zum Thema „Freundschaft“

Der rote Max von Eric Battut, Verlag: Bohem Press

Vier Freunde vom Bauernhof von Annet Rudolph, Verlag: Oetinger

Willst du mein Freund sein? Farben suchen und entdecken von Ana Weller und Rosemarie Künzler-Behncke, Verlag: Ravensburger

Die Überraschung von Sylvia van Ommen, Verlag: Sauerländer

Zwei dicke Freundinnen von Kathrin Schärer, Verlag: Sauerländer

Sei nicht traurig, Monty Maulwurf von Greta Carolat und Susanne Mais, Verlag: Arena

So wie du! von Stefan Gemmel und Marie-José Sacré, Verlag: Bohem Press

Gustav & Ida – So brav kann doch kein Schwein sein von Sibylle Rieckhoff und Eva Czerwenka, Verlag: Arena

Ellie und Elvis von Vivian French, illustriert von Michael Terry, Verlag: Bloomsbury

Klein Bibi und der Bär von Angela McAllister und Tiphanie Beeke, Verlag: Ravensburger

Bilderbücher zum Thema „Teilen"

Häschen lernt teilen von Maribeth Boelts und Kathy Parkinson, Verlag: Coppenrath

Fabian teilt mit Marie von Achim Bröger, illustriert von Irmgard Paule, Verlag: Arena

Hoppla! sagt Olli Bär von Tony Kenyon, Verlag: Pestalozzi

„Der hat aber mehr!" von Stephanie Roehe, Verlag: Michael Neugebauer Edition

Meins ganz allein von Annegert Fuchshuber, Verlag: Gabriel

Das Einfachsogeschenk von Karl Rühmann und Martina Badstuber, Verlag: Annette Betz

Bille haben will von Margarete Stephan und Michael Wrede, Verlag: Sauerländer

Bilderbücher zum Thema „Toilettentraining"

Ich brauche keine Windel mehr von Jan-Erik Gürth und Betina Gotzen-Beek, Verlag: Kerle

Julchen geht aufs Töpfchen von Gisela Dürr und Ursula Keicher, Verlag: Pattloch

Der kleine Klo-König von Sandra Grimm und Clara Suetens, Verlag: Ravensburger

Jakob und sein Töpfchen von Peter Friedl und Nele Banser, Verlag: Carlsen

Muss mal Pipi von Manuela Olten, Verlag: Carlsen

Leonie und ihr Töpfchen von Rosemarie Künzler-Behncke und Sabine Kraushaar, Verlag: Carlsen

Lola geht aufs Töpfchen von Antje Flad und Ilona Einwohlt, Verlag: Coppenrath

Vom kleinen Maulwurf, der wissen wollte, wer ihm auf den Kopf gemacht hat von Werner Holzwarth und Wolf Erlbruch, Verlag: Peter Hammer

Bücher zum Thema „Schlafenszeit"

Leo Lausemaus will nicht schlafen von Marco Campanella, Verlag: Lingoli

Leon geht schlafen von Linne Bie, Verlag: Oetinger

Albert geht schlafen von Silke Brix und Kirsten Boie, Verlag: Oetinger

Dann schläfst du auch von Sandra Grimm und Kerstin M. Schuld, Verlag: Loewe

Gute Nacht, Dudu! von Annette Swoboda, Verlag: Fischer Schatzinsel

ministeps®. Wenn kleine Tiere müde sind von Ana Weller und Sabine Cuno, Verlag: Ravensburger

Jakobs erste Nacht woanders von Rosemary Wells, Verlag: Sauerländer

Friedlich schlafen kleine Drachen von Annette Swoboda und Paul Maar, Verlag: Oetinger

Wenn Kuscheltiere schlafen gehn von Andreas Német und Hans-Christian Schmidt, Verlag: Oetinger

Ida geht schlafen von Kerstin Völker und Birgit Meyer, Verlag: Coppenrath

Sachwortverzeichnis